Georg Huntemann

Aufstand der Schamlosen

Das christliche Ethos angesichts der sexuellen Revolution

Wilhelm Grünewald
Zwingenberg/Bergstr.
Heidelberger Str. 47

R. BROCKHAUS VERLAG WUPPERTAL

Copyright © 1971 by R. Brockhaus Verlag Wuppertal
Druck: Herm. Weck Sohn, Solingen

ISBN 3-417-00336-9

Inhalt

	Seite

1. TRIUMPH DER SCHAMLOSIGKEIT 7
   Die provozierende Obszönität 7
   Die Dogmen der sexuellen Revolution 8
   Die Antwort der „Schamhaften" 11

2. DIE PORNOWELLE 16
   Was meint Pornographie? 16
   Wie Pornographie propagiert wird 17
   Pornographie als Menschenverachtung 19
   Soll der Staat über die Sittlichkeit wachen? . . . 26

3. DIE ZERSTÖRUNG DER EHE 28
   Die Entscheidung Jesu 28
   Der Kampf gegen die Ehe 29
   Zerrüttungs- statt Schuldprinzip 31
   Das Zeugnis für die Ehe 32

4. JUGENDSEXUALITÄT 36
   Sexuelle Revolution unter der Jugend? 36
   Kann Aufklärung helfen? 39
   Wie soll man es der Jugend sagen? 43
   Kann man heute noch Triebverzicht verlangen? . . 46

5. WIE LEBT DER CHRIST MIT SEX? 51
   Wer die Sexualität verachtet, protestiert gegen Gott . 51
   Wie lebt der Christ mit Sexualität? 53
   Sind „Liebesspiele" pervers und Verhütungsmittel „verboten"? 55

Zu diesem Buch:

Auch Deutschland hat seine Kulturrevolution. Die herkömmlichen Maßstäbe für Gut und Böse sollen aufgehoben werden. Die öffentliche Propagierung einer neuen, lustfanatischen, hemmungs- und schamlosen neuen Moral scheint unwiderstehlich. Hinter diesem Unternehmen steht eine Weltanschauung, deren Dogmen dem christlichen Glauben entgegenstehen.

Wenn wir dieser sexuellen Revolution, die im vorliegenden Buch charakterisiert werden soll, widersprechen, dann nicht um die Geschlechtlichkeit menschlichen Daseins „madig" zu machen. Der Christ ist wahrlich kein Freudentöter. Vielmehr soll bezeugt werden, daß allein in der Ordnung Gottes dem Menschen die Freude an der Schöpfung und an der Schöpfungslust erhalten bleibt. Die letzte Konsequenz der sexuellen Revolution aber wird nicht nur als zynische Menschenverachtung, sondern vor allem als die Zerstörung der Sexualität selbst bewertet.

Dieses Buch ist ein klares Nein und ein klares Ja. Das Nein gilt dem Konsumsexualismus, der den Menschen zum Lustobjekt degradiert. Das Ja gilt der befreienden Begegnung des christlichen Menschen mit dem Geheimnis der Schöpfung, in der er auch die unsagbare Freude geschlechtlicher Begegnung erfahren darf.

Wenn man so will, kann man dieses Buch als eine Streitschrift auffassen. Es ist weder eine theologische Ethik noch ein Aufklärungsbuch. Es geht mir vor allem darum, in dem Meinungschaos dieser Zeit klare Zeichen zu setzen.

Auf einer Bundesvorstandssitzung der „Kirchlichen Sammlung um Bibel und Bekenntnis" sowie auf dem Bundesarbeitskreis der „Bekenntnisbewegung kein anderes Evangelium" wurde an mich im Januar bzw. Februar dieses Jahres die Bitte gerichtet, eine möglichst allgemeinverständliche, für die breite Öffentlichkeit bestimmte, Broschüre über die gegenwärtig herausfordernden Probleme der sexuellen Revolution zu schreiben. Dabei war selbstverständlich klar, daß der Verfasser seine Darstellung des Problems ausschließlich auf seine eigene Verantwortung nehmen kann, schon weil wegen der drängenden Zeit angesichts der Aktualität dieses Themas keine Möglichkeit einer Kommissionsarbeit oder eines gründlichen Gedankenaustausches bestand. Aus diesem Grunde ist es selbstverständlich, daß ich erwarte, daß durch dieses in „gebotener" Kürze (Verleger müssen leider Preise machen!) geschriebene Buch nicht nur Diskussionen, sondern hoffentlich auch Aussprachen angeregt werden.

Bremen, Februar 1971

Georg Huntemann

1. Kapitel

Triumpf der Schamlosigkeit

Die provozierende Obszönität

Im Januar 1971 wurde im Wiener Volkstheater ein „Erfolgsstück" uraufgeführt. Das von den Zuschauern (und natürlich auch von den Kritikern) bejubelte „Kunstwerk" heißt „Rozznjagd" — zu Hochdeutsch „Rattenjagd" — und wurde von einem Mann namens Peter Turrini geschrieben. Die Bühne zeigt einen großstädtischen Schuttabladeplatz. In der Mitte kampiert ein abgelegtes Auto, die weitgeöffnete Motorhaube und die noch unversehrten Scheinwerfer sind zum Publikum gerichtet. Angesichts dieser Szenerie der Trostlosigkeit geschieht folgendes: Mann und Frau — einander völlig unbekannt, einer kennt nicht einmal den Namen des anderen — vollziehen auf dem Benzintank, die geöffnete Motorhaube als Stütze benutzend, einen geschlechtlichen Akt. Nachdem dieses geschehen, findet das „Hobby" des Mannes, nämlich Ratten totzuschießen, eine merkwürdige Anwendung auf das Paar: Es wird von zwei Männern abgeknallt. Zwei „Menschenratten" verenden auf einem Müllplatz.

Die Aussage dieses Bühnenstückes ist typisch für ungezählte andere Pornowerke, die über die Bühnen der westlichen Welt herfallen und — wie zu Zeiten Neros — abgestumpfte Menschen zu Gefühlsorgien hinreißen. Die Bühnenelemente des Schauspiels „Rattenjagd" sind Schutt, Ratten, Begattung und Töten. Der Müllabladeplatz bedeutet: Wir leben in einer Welt, in der wir die Dinge verkonsumiert haben. Gier wird zur stumpfen Gleichgültigkeit, Konsumrausch wiegelt sich ab in öde Katerstimmung. Zunächst bleibt noch die Lust zweier Menschen, die voneinander nur das Fleisch kennen. Nach dem Namen, nach der Person und nach dem Leben des anderen wird nicht gefragt. Fleisch ist Fleisch. Der Leib ist zum Funktionieren da. Hauptsache, daß „Es" klappt. Nachdem es geklappt hat, ist die Welt noch fader. Nach dem kurzatmigen Rausch ist nichts mehr. Die

Lust zum Töten bleibt als letzte Lust. Über dem Trieb des Lebens triumphiert der Todestrieb. „Kalte" Sexualität schlägt um in Zerstörungslust.

Was vor etlichen Monaten auf einer Wiener Bühne gezeigt wurde, hat der ebenfalls Wiener Psychologe Sigmund Freud vor etwa einem halben Jahrhundert in eine wissenschaftliche Prognose gekleidet: Neben der Lust zum Leben wächst die Lust am Zerstören.

Es ist wichtig, daß wir heute folgendes begreifen: Die sogenannte sexuelle Revolution in ihrer gegenwärtigen Phase erschöpft sich wirklich nicht in der Absicht, ein „bißchen mehr Vergnügen" zu spenden! Ganz im Gegenteil: Die zynisch-obszöne (Obszona heißt Schmutz) und unmenschliche Darstellung der Geschlechtlichkeit zerstören die Freude und Schöpfungslust, die Mann und Frau für die geschlechtliche Begegnung als eine große Möglichkeit der Glückserfüllung geschenkt wurden.

Wir verstehen die „sexuelle Revolution" nur dann recht, wenn wir sie wirklich als sexuelle Revolution ernst nehmen: Als eine Revolte gegen Schönheit, Freude, Wahrheit und Wirklichkeit des Lebens. Die Revolution ist radikal: Sie will die Schöpfung ins Chaos zurücktreiben. Um bei dem Bilde der „Rattenjagd" zu bleiben: Der Mensch soll sich auf einem Schuttplatz wiederfinden, um dann (so das Motto jenes Bühnenstückes) folgende Frage zu beantworten: „Wollen wir nicht den Versuch unternehmen, die Ratte in uns zu lieben?"

Jede Revolution hat ihre Dogmen — so auch die Revolution der Haut.

Die Dogmen der sexuellen Revolution

1. Das erste Dogma lautet: Zurück zur Triebhaftigkeit. Unser Volk ist ein Volk von „Triebverdrängungsgeschädigten", wir sind — so proklamiert man — jahrhundertelang um die Freuden der Sexualität betrogen worden. Die

westliche Zivilisation steht vor einem großen Nachholbedarf an Sexkonsum. Die Sexualrevolutionäre erwarten eine „Wiedergutmachung".

2. Die Symbole dieser Revolution oder dieses Befreiungskampfes gegen den Triebverzicht sind potenzprotzende Lustwesen, die in aufreizender Einseitigkeit „hautnaher" Darstellung (zumeist die Frau als sexuelles Begierde- und Konsumobjekt) in den Massenmedien propagiert werden. Propagierung der Sexualität bedeutet, daß nichts mehr intim, verborgen oder heimlich sein soll. **Sexualität muß veröffentlicht werden**, damit auch der letzte „Sexualdienstverweigerer" den Weg zur Liberalisierung der Sexualität finden kann.

3. Schon 1936 hat Wilhelm Reich in seinem damals in Kopenhagen veröffentlichten Buch („Sexualität im Kulturkampf") zur sozialistischen Umstrukturierung des Menschen durch die sexuelle Revolution aufgerufen. 1966 erschien dieses Buch in deutscher Sprache unter dem Titel „Die sexuelle Revolution". Weil die **Ehe** nach der Weltanschauung des Autors „**spezifisch zum kapitalistischen Wirtschaftssystem** gehört", kann nur durch ihre Auflösung die sozialistische Gesellschaft erreicht werden. Ehe — so meinen die Sexualrevolutionäre — bedeutet Verzicht auf sexuelle Freiheit, schafft „Privatsein" statt Vergesellschaftung, Gruppenegoismus statt Solidarität aller Menschen. Keine Revolution ohne freie Liebe!

Wir müssen allerdings schon hier die Frage stellen, welche Revolution ist gemeint? Die Revolution von vorgestern oder die Revolution von morgen? Im neuen Parteiprogramm der KPdSU von 1961 heißt es über die Familie, sie habe „Reservat der Liebe und des persönlichen Glücks zu sein und die künftige Generation zu erziehen" und weiter wird festgestellt, daß die kommunistische Moral im Prinzip „gegen außereheliche Kontakte aus unmoralischen oder leichtsinnigen Motiven sei", denn, so heißt es weiter, „jene, die bereit sind, von heute auf morgen aus einer Umarmung in die andere zu fallen, sind zu bedauern, denn sie wissen überhaupt nicht, welch tiefes und hinreißendes Gefühl gegenseitiger Anziehung zweier Herzen

die individuelle Liebe ist. Sie ist ausschließlich und unteilbar. Beständige Liebe bedarf nur zweier Partner!" (So nachzulesen bei Wolfgang Leonhardt „Die Dreispaltung des Marxismus", 1970 S. 236).
Das sind Worte, wie man sie so fast in einer Predigt nicht besser formulieren könnte! Hinter diesen Sätzen des russischen Parteiprogramms steht die Erfahrung, daß die **Auflösung oder Vergleichgültigung der Ehe** die Grundlage eines Staates, ja überhaupt die Möglichkeit geordneten menschlichen Zusammenlebens in einer **Gesellschaft und vor allem die Achtung vor der Menschenwürde zerstören**.
Der Zynismus westlicher Sexualrevolutionäre setzt nicht den Anfang einer neuen Gesellschaft, sondern spiegelt den Untergang einer alt, müde und glaubenslos gewordenen Zivilisation!
4. Die Sexualrevolutionäre propagieren die Schamlosigkeit. Da wird keiner schamrot, einen sexuellen Akt im Filmstudio zu filmen oder auf der Bühne „pantomimisch" darzustellen. **Wir sollen uns das Schämen abgewöhnen,** denn — so meint man — wo man sich schämt, da steht das Geschlechtsleben noch unter „Tabus". Tabu heißt im weiteren Sinne des Sprachgebrauchs: Undiskutierbar, unbegreiflich, außerhalb der Alltagswirklichkeit stehend, dem Öffentlichkeitsanspruch entzogen, im Banne der unbedingten Ehrfurcht stehend, über alle menschliche Begreifbarkeit hinausgehend, der Dimension des ganz Anderen zugehörig und deswegen den Menschen vor die Grenze seiner eigenen Verfügungsmöglichkeit stellend. Die Sexualtechniker, für die **Geschlechtlichkeit** zu einem „bloßen" Funktionieren, **zum Lustkonsum herabgewürdigt** wurde, lehnen „solche Hemmungen" durch ein Tabu ab. Durch Hemmungen wird die Lusterfüllung gemindert oder verhindert. Hier fängt — so meint man — die Unterdrückung des Menschen an. Gestaute Lust schlägt um in **Aggressivität**. Wer seine Triebe unterdrückt, kann ein Faschist oder Reaktionär werden. KZ-Wächter sind — so hört man es immer wieder — notorische Triebunterdrücker gewesen. Wäre die Weltge-

schichte nicht viel friedlicher verlaufen, wenn die freie Liebe — oder besser gesagt der freie Sexkonsum — schon früher sich durchgesetzt hätte?

Durch eine Propaganda, die in der Geschichte kaum ihresgleichen hat und vor deren Totalität auch ein Josef Goebbels vor Neid erblaßt wäre, werden die Dogmen der sexuellen Revolution unter das Volk gebracht. Die meisten Bürger sind schon längst überaus v e r u n s i c h e r t angesichts ihrer h e r k ö m m - l i c h e n M o r a l v o r s t e l l u n g e n. Fragen brechen auf: Sind wir zu streng erzogen worden? Haben wir deswegen das Schönste versäumt? Hat „christliche Moral" uns die Freude an der Geschlechtlichkeit genommen? Können wir verpaßte Gelegenheiten noch nachholen? Ist die Jugend nicht zu beneiden, weil sie so viel Freiheit hat? Müssen wir unsere Kinder nicht „freier" erziehen? Macht es uns im Grunde genommen nicht doch sehr viel Spaß, die „unanständigen Sachen" zu sehen? Und die Frage aller Fragen angesichts des Aufstandes der Schamlosen: Warum eigentlich nicht? Hauptsache ist doch, daß es Spaß macht! Laßt uns die Zeit unserer „Kraft" nützen und Lust konsumieren, bevor wir Greise sind. Für manchen Zeitgenossen wird es zu einem Alpdruck, das nötige Maß an Lustkonsum innerhalb der Restspanne seines Lebens versäumen zu können.

Die Antwort der „Schamhaften"

Bei dem Wort „schamhaft" stockt mir die Feder. Kann man dieses Wort überhaupt noch gebrauchen, ohne Lachsalven zu provozieren? Wer will heute noch „schamhaft" sein? Mit „Scham" schlägt man doch nur „Argumente" tot! Wie kann man überhaupt noch Scham „sachlich" begründen?

Nun — wie kann man überhaupt Sittlichkeit begründen? Das Entscheidende in unserem Leben kann überhaupt nicht begründet werden. Man kann es nur anerkennen. Nur ein ganz platter Primitiv-Rationalismus will alles begründen. Die Frage nach dem Sinn des Lebens, die Frage, wie es möglich ist, daß ich einen Menschen lieben kann, wieso ich einen Sonnenuntergang schön finde — all das kann ich nicht begreifen. Die Morallehrer gerade unseres Jahrhunderts, von Nicolai Hartmann bis Max Horkheimer, haben uns darüber belehrt, **daß Werte nicht begriffen oder rational „abgeleitet", sondern nur anerkannt werden können.**

Zu diesen Werten gehören Scham und Ehrfurcht!

Geschlechtlichkeit, d. h. die Freude und die Lust an der geschlechtlichen Begegnung zwischen Mann und Frau, können wir genauso wenig „produzieren" wie die Liebe. Man möchte heute — nach Gebrauchsanweisungen — mittels einer kühn durchdachten „Reizstrategie" Lust an- und abstellen wie einen Fernsehapparat. Das mag vielleicht für einige Zeit gelingen, aber diese **Lusttechnik, die zum „geplanten Sexualvollzug" führt, hat mit ursprünglicher Leidenschaft, mit spontanem Begehren aus Liebe nichts gemeinsam.** „Kalter Sex" macht fad!

Wir leben nämlich nicht auf einem Ozean von Lustmöglichkeiten, so als ob wir nur durch die richtige Technik wie mit einer Schöpfkelle sexuelle Lust auf unser Leben gießen könnten. Wer die Sexualität nur gebraucht, der verbraucht sie schnell. Auf sexuelle Hemmungslosigkeit folgen letztlich Ekel und Impotenz. Wer dann den sexuellen Rausch nicht mehr haben kann, greift nicht selten zum Rauschgift. Die Schatten der totalen Zerstörung fallen dann auf das Menschenleben.

Ehrfurcht angesichts der Geschlechtlichkeit unseres Daseins bedeutet, daß wir die **geschlechtliche Kraft als Gabe Gottes** annehmen und bejahen. Wir verehren Gott in der Schöpfung. Die Schöpfung gehört Gott und geschlechtliche Lust und Freude geben uns **Anteil an der göttlichen Schöpfungslust.** Diese Anerkennung bewahrt uns vor Zynismus. Wer in und mit der Schöpfung lebt, lebt auch mit Gott, denn Gott hat sich an seine Schöpfung gebunden. Der Geschlechtsverkehr ist die unmittelbarste und intimste Begegnung mit der Schöpfungskraft Gottes, die denkbar ist. Weil wir Gott die Ehre geben, geben wir auch der Geschlechtlichkeit die Ehre. Die **zynische Versachlichung** der Sexualität offenbart **im Grunde Haß gegen Gott**, dem man nicht mehr die Ehre geben will. Im Anfang seines Briefes an die Römer hat der Apostel Paulus der christlichen Gemeinde deutlich gemacht, daß alle sittlichen Entartungen und Verkommenheiten darin ihren Ursprung haben, daß der Mensch Gott nicht mehr die Ehre geben will: „Sie wußten, daß ein Gott ist und haben ihn nicht gepriesen als einen Gott noch ihm gedankt, sondern haben ihre Gedanken dem Nichtigen zugewandt und ihr unverständiges Herz ist verfinstert... darum hat sie auch Gott dahin gegeben in ihrer Herzen Gelüste, in Unreinigkeit, zu schänden ihre eigenen Leiber an sich selbst..." (Römerbrief 1,21 ff.)

Also — warum Scham? **In der Scham meldet sich unsere Demut vor Gott!** In der Scham liegt die Erkenntnis, daß weder wir noch die Welt noch der Mitmensch uns selbst gehören. In der Scham erkennen wir die Rechte Gottes an, die wir durch unseren Egoismus immer wieder durchbrechen. Sünde aller Sünden ist die Gier, in der wir sogar uns selbst zum Gott machen. Aber in der **Scham hören wir den Anruf** Gottes, der uns an ihn erinnert, der uns fragt: Adam, d. h. Mensch, wo bist du?

Solange der Mensch sich noch schämen kann, weiß er, daß er vor Gott schuldig ist. Wer um die Schuld vor Gott weiß, steht schon im Licht seiner Vergebung. In der Schuld ist der Mensch Person, er wird noch von Gott angerufen! Die **Schamlosigkeit hingegen ist totale Gottlosigkeit!** Die Schamlosigkeit steht unmittelbar am Rande der Dämonie. Satan schämt sich nicht — er zittert nur vor Gott. In der Scham geben wir Gott recht und erkennen ihn an. In der Schamlosigkeit haben wir Gott verloren. So wird der Mensch zur Sache. Schamlos war es, als nackte Menschen in Gaskammern getrieben wurden, schamlos war es, **Menschen zum Material** zu erniedrigen. Schamlos ist es, wenn — wie es heute geschieht — Menschen vor Filmkameras sich mit Tieren begatten, Sexualakteure auf Schauspielbühnen ihre Bedürfnisse verrichten und sexuelle Akte „vollziehen". Es ist schamlos, weil der Mensch die Achtung vor sich selbst und die Ehrfurcht vor Gott verloren hat, ohne daß er noch fühlt, **daß** er sie verloren hat!

Die tödliche Gefahr der Schamlosigkeit ist, daß der Mensch

zur Ware, zur Sache des Menschen wird. Dem **Schamlosen** ist alles gleich, er **unterscheidet nicht zwischen Gott und Welt, zwischen Sache und Mensch**. Der Schamlose steht in der Dämmerung der Glaubenslosigkeit, in der die Welt schmutzig, eben obszön wird, denn Schamlosigkeit ist Gemeinheit.

Der Christ ist kein „Freudentöter". Der Christ kämpft heute nicht gegen Sexualität oder Erotik. Im Gegenteil: **Der Christ bejaht die Freude der geschlechtlichen Begegnung. Aber er betont die Menschlichkeit dieser Begegnung** und verneint ihre Entwertung zum Konsumartikel.

Es ist ganz einfach eine Lüge, wenn immer wieder behauptet wird, die christliche Kirche unterdrücke den Geschlechtstrieb oder mache ihn verächtlich.

Die Wahrheit ist:

1. Das Christentum hat in der Gestalt der christlichen **Kirche** zwei Jahrtausende ebenso gegen Sekten und Rotten auch in seinen eigenen Reihen wie gegen geschlechtsfeindliche Philosophien und perverse heidnische Praktiken **gekämpft**, die die **Schöpfung Gottes verachteten** und entweder durch **lebensfeindliche Askese** (z. B. Verachtung von Ehe, Familie, Zeugung und Geburt bei den Katharern, den Ketzern des Mittelalters) oder durch hemmungslose Gier die Schöpfung Gottes vergleichgültigten und verachteten. Mühelos kann aus den Lehrentscheidungen und Bekenntnisschriften der Kirche dieser Kampf um Sinn und Bedeutung der Schöpfung Gottes nachgewiesen werden. — Wenn Rotten, Sekten und unchristliche Philosophien anders lebten und lehrten, stellten sie sich selbst außerhalb der christlichen Lehre und des christlichen Ethos.

2. **Der christliche Glaube lebt aus der Einsicht, daß der Mensch nur frei ist, wenn er auch Nein sagen kann.** Wer blind dem Trieb um jeden Preis folgt, ist nicht frei. Ohne Opfer, ohne Verzicht, ohne die Möglichkeit nein zu sagen, **ohne Selbstüberwindung sackt der Mensch zum Konsum-**

i d i o t e n   h e r a b. Er wird fixiert durch seine eigene Gier. Sex wird zum Götzen, der ihn zunächst an sich lockt und ihn dann verbraucht und allein mit seinem Ekel zurückläßt. Der christliche Glaube hat immer wieder Menschen gefunden, die ein Zeichen dafür gesetzt haben, daß man auch Nein sagen und dadurch frei sein kann.
Worum geht es heute im Aufstand der Schamlosen, die die Ehrfurcht vor Gott und seiner Schöpfung verloren haben? Sie wollen, daß auch die anderen den Glauben verlieren! Glaubensabfall ist immer militant! Die im Ekel vegetieren, wollen nicht allein sein!
Die Schamlosigkeit kann nicht „abgestellt" werden. Sie kann auch nicht durch Gesetze und Verbote „abgeschafft" werden. D i e   S c h a t t e n   d e r   S c h a m l o s i g k e i t   s i n d   a u f   d i e s e   Z e i t   g e f a l l e n ,   w e i l   w i r   d e n   G l a u b e n   a n   G o t t   u n d   d i e   A c h t u n g   v o r   d e m   M e n s c h e n ,   d e r   n a c h   s e i n e m   B i l d e   g e s c h a f f e n   i s t ,   v e r l o r e n   h a b e n. Die gegenwärtige Phase der s e x u e l l e n   R e v o l u t i o n ist ein Symbol des Atheismus. Es ist kein neutraler, satter, selbstzufriedener Atheismus. Diese Gottlosigkeit ist G o t t e s h a ß. Obszönitäten werden heute in schwarzen Messen vor Altären und Kruzifixen zelebriert!
Es geht heute um Glaube oder Unglaube!
Es geht um Scham oder Nichtsein der Menschlichkeit!
Es geht um Alles oder Nichts!

2. Kapitel

Die Pornowelle

Was meint Pornographie?

Unter Pornographie versteht man — im weiteren Sinne dieses Wortes — die bildliche, filmische, akustische und „literarische" Darstellung sexueller Begebenheiten, die man bislang als „unzüchtig" verurteilte.

Ziel der pornographischen Aktion ist immer die S t i m u l i e r u n g (Anreizung) eines Lustempfindens. Das geschieht in großer Breite und Mannigfaltigkeit der Darstellung angesichts der ebenso breiten und mannigfaltigen menschlichen Gefühlsskala. Begattungsszenen und Liebesspiele zwischen Mann und Frau in allen denkbaren Variationen, Gruppensex, d. h. sexuelle Handlungen einer Gruppe von Männern und Frauen, verschiedene Möglichkeiten sexueller Manipulationen, d. h. „Schautafeln" von Techniken, die sexuelle Erregungen „machen" sollen, Kombinationen von Manipulationen und Begattungen in Gruppen nach zwar nicht unendlichen aber fast unerschöpflichen Zahlenkombinationen — das sind die Themen der „normalen" Pornographie.

Bedeutsam ist, daß p o r n o g r a p h i s c h e P r o d u k t e sich mit diesen Möglichkeiten, die auf die Dauer den Betrachter g e f ü h l s m ä ß i g a b s t u m p f e n, nicht begnügen. So gibt es in Heften, in Filmen und auf der Bühne die Darstellung sadistischer, masochistischer und sodomitischer sexueller Handlungen. D. h. es wird L u s t g e w i n n gezeigt durch Ausüben oder Erleiden von Grausamkeiten und durch sexuellen Verkehr mit Tieren. Auch hier gibt es wieder eine breite Skala der Möglichkeiten. Ich erinnere mich, in New York schon 1964 einen Film gesehen zu haben (er hieß „The Olga-Girls"), der an G r a u s a m k e i t nicht viel zu wünschen übrig ließ. Zwar siegt in diesem Film nach guter alter amerikanischer Sitte das Gute über das Böse, aber bevor das geschah, quälte Olga ihre Girls in unheimlichen Kellern an Marterpfählen, ließ sie halbnackt auspeitschen und mit Zangen zwicken. Höhepunkt war, wie einem üppigen Olga-Girl die Zunge herausgeschnitten wurde, das Blut über die schwellenden Proportionen floß und dann — Höhepunkt aller Höhepunkte — die Zunge auf einem Teller in Blut schwimmend in Großaufnahme dem Kino-Publikum gezeigt wurde. Gepeitschte und gepeinigte Nackte sieht man (in den Großstädten der USA) auf den Umschlägen von Pocket-Books prangen, wobei die Peiniger gern als deutsche Soldaten oder Nazis dargestellt werden.

Eine breite Flut von Porno breitet sich heute über die westliche Welt aus. Die Frage: Ist Pornographie gefährlich, so daß sie verboten werden muß, oder ist sie harmlos, so daß man es dem Bürger erlauben kann, dieses Material öffentlich zu kaufen und zu verkaufen, anzupreisen und zu propagieren, wo und wie man will?

Wie Pornographie propagiert wird

Die Gruppen, die sich für die Freigabe der Pornographie einsetzen, berufen sich gern auf „w i s s e n s c h a f t l i c h e U n t e r s u c h u n g e n". Solche „wissenschaftlichen Untersuchungen" — mit denen zumeist kurz aber heftig Diskussionen totgeschlagen werden — werden heutzutage gern von Kommissionen durchgeführt. In den USA hat im Jahre 1970 die „Kommission für Obszönität und Pornographie" (mit 46 Unterkommissionen) eine Studie abgeschlossen, die das Ergebnis beinhaltet: Alles nicht so schlimm. Die Methode: Man befragte Testpersonen, die sich pornographisches Material angeeignet hatten, nach ihren Empfindungen. Man meinte dabei vor allem festgestellt zu haben, daß überhaupt keine Beziehung bestünde zwischen Verbrechenszunahme und Pornographie.

Gründlich verfuhr ein anderer Amerikaner. J. L. Howard aus North Carolina sperrte Studenten für bestimmte Zeiträume (jeweils etwa 90 Minuten) in Zimmern ein und fütterte sie dort mit Pornomaterial. Atemfrequenz, Hauttemperatur, Erektion des männlichen Geschlechtsgliedes wurden genauestens „gemessen" und auch der Urin wurde analysiert, um auf chemischem Wege sexuelle Erregungsspuren nachweisen zu können. Auch hier das Ergebnis: Das Pornomaterial hätte nur eine mäßige sexuelle Erregung bei den Versuchspersonen zur Folge gehabt.

„Wissenschaftler" spielen also gern die Bedeutung der Pornographie herunter. Auch das sogenannte „Bonner Hearing" vom Herbst 1970 gab ein mildes Urteil über Pornographie. In diesem Bonner Hearing wurde ein Parlamentsausschuß mit Fachleuten (darunter Volkmar Sigusch, Helmut Kentler, Reinhardt Lempp und Rudolf Affemann) konfrontiert. Zwar gab es keine Einstimmigkeit unter den Wissenschaftlern (insbesondere Rudolf Affemann nahm eine konsequent konservative Stellung ein), aber die Zustimmung zu einer „milden" Beurteilung der Pornographie überwog unter den Fachleuten.

Im Blick auf die allgemeine Diskussion kann man in folgenden Punkten das Plädoyer für die Freigabe, Harmlosigkeit oder gar Nützlichkeit der Pornographie zusammenfassen.

1. Die sexuelle Stimulierung durch Pornomaterial darf nicht überschätzt werden.
2. Durch die Pornographie dargestellte sexuelle Praktiken werden selten nachgeahmt. Sexuelle Grundverhaltensweisen werden durch Pornokonsum kaum verändert.
3. Es gibt keinen Beweis dafür, daß Kinder durch Konfrontation mit Pornomaterial geschädigt werden. Jugendliche verlieren sehr bald das Interesse am Pornomaterial. Es gibt sogar viele Fachleute, die es für überflüssig halten, Jugendliche oder Kinder vor Pornographie zu schützen.
4. Man verweist gern auf das dänische Beispiel. (Hier erfolgte die Freigabe der Pornographie durch Parlamentsbeschluß am 30. Mai 1969 mit 112 gegen 25 Stimmen bei 4 leeren Stimmzetteln): Der Absatz pornographischen Materials — so sagt man — geht seit der Freigabe der Pornographie zurück. Die Sittlichkeitsdelikte sind weniger geworden.
5. Gewalttäter und Notzuchtverbrecher haben

nur eine arme sexuelle Phantasie. Sie werden nachweislich nicht durch Pornographie stimuliert. Im Gegenteil: Eine zum Verbrechen führende seelische Verkrampfung und Spannung kann aufgelöst oder abreagiert werden, wenn die sexuelle Phantasie durch Pornographie angeregt wird.

6. Es bleibt zu fragen, ob Pornographie insofern nicht hilfreich sei, als durch sie eine verdrängte und **verkümmerte sexuelle Phantasie angeregt** und dadurch sexuelle Potenz wieder erweckt wird. Pornographie kann unterdrückte Sexualität befreien und damit zum vollkommenen Menschsein verhelfen. Sollte man nicht auch — so fragt man gerne — einem sexuell phantasiearmen und impotenten Ehemann raten, sich ein Pornoheft auf den Nachttisch zu legen, um seiner Frau das geben zu können, was sie seit langem — als sexuell unerfüllte Frau — erwartet?

Diese Argumente haben die Mehrheit (zwar nicht des Volkes) der Meinungsbildner für sich. — Was ist darauf zu antworten?

Pornographie als Menschenverachtung

Zunächst eine Bemerkung zu den „wissenschaftlichen Methoden" der sogenannten Verhaltensforschung, also jener neuen Wissenschaft, die so munter darauf aus ist, das Verhalten der Menschen zu messen, um dann auch noch gleich zu sagen, was der Mensch eigentlich ist.

Diese „sogenannten Ergebnisse" der **Verhaltensforschung**, wie sie in der Auseinandersetzung mit der Pornographie ins Spiel gebracht werden, offenbaren einen **traurig-katastrophalen Zustand der Wissenschaftslosigkeit** der „Verhaltensforschung"! Im „Bonner Hearing" hat Rudolf Affemann mit Recht betont, wie unmöglich das Verfahren ist, unbewußte Seelen- und Triebvorgänge, die durch Porno stimuliert werden, durch Befragen ans Licht zu bringen. Der Befragte kann sich doch selbst gar nicht über das bewußt werden, was in seinem Unterbewußtsein vor sich geht. Wie soll er aussprechen, was doch begrifflich gar nicht faßbar ist?

Wie will Howard in fünfzehn Sitzungen zu je neunzig Minuten aus seinen Testpersonen Reaktionen herausmessen, wenn eben diese Testpersonen so offensichtlich im Experimentierkäfig sitzen, daß ihre sexuellen Reaktionen mit Apparaten „abgelesen" werden. Wer könnte seine Frau wirklich küssen und lieben, wenn ein „Wissenschaftler" gleichzeitig die „Reaktionen" mit Meßgeräten kontrollieren würde? Grundsatz der Wissenschaft ist doch: Das O b j e k t d e s E x p e r i m e n t e s ä n d e r t s i c h d a d u r c h , d a ß e s z u m O b j e k t e i n e s E x p e r i m e n t e s g e m a c h t w i r d. Wenn das für die Naturwissenschaft gilt — wieviel mehr gilt das für das Seelen- und Triebverhalten eines Menschen, der doch weiß (!), daß er Gegenstand eines Experimentes ist — und das sogar in einem Lebensbereich, den man früher als „intim" bezeichnet hat!

Wie der Mensch „auf freier Bahn" wirklich auf Porno reagiert, was sich wirklich in ihm abspielt, entzieht sich diesen dilettantischen Methoden einer sogenannten wissenschaftlichen Forschung. Diese F o r s c h u n g s m e t h o d e n spiegeln eine zynische Menschenverachtung, weil sie seelisches Verhalten zu einem P a k e t p h y s i s c h e r P r i m i t i v r e a k t i o n e n degradieren.

Es stimmt auch einfach nicht, wenn behauptet wird, in D ä n e m a r k sei die Produktion und der Verkauf des Pornomaterials rückläufig. Da seit der Aufhebung des Verbotes von Pornographie neue Pornoproduktionsstätten und neue Pornoläden entstanden sind, mag hier und da bei „alten" Pornokapitalisten der Umsatz wegen neuer Konkurrenz zurückgegangen sein — aber auf das Ganze von Pornoumsatz und Pornoproduktion gesehen besagt das nichts. Leichte Sittlichkeitsverbrechen haben übrigens in den letzten Jahren in Dänemark zugenommen und das Abnehmen der schweren Sittlichkeitsverbrechen war schon vor der Freigabe des öffentlichen Handels mit Pornomaterial festzustellen gewesen. Dagegen stieg im vergangenen Jahr — weil wir nun schon einmal beim Beispiel Dänemark sind — die Zahl der Geschlechtskranken um 40 Prozent.

Im Blick auf die Gefährdung der Jugend durch Pornographie wies Affemann im Bonner Hearing mit Recht darauf hin, daß der Jugendliche, der behauptet, er habe sich an Porno gewöhnt und es biete ihm kein außergewöhnliches Erlebnis mehr, seinen Geschlechtstrieb bereits von seiner personalen Ganzheit abgespalten habe. Das heißt: Für solche Jugendliche hat Sex nichts mehr mit Liebe, der Geschlechtsakt nichts mehr mit der Person des Partners zu tun. Hier ist die Sexualität eine triebmechanische „Sache" geworden.

Soweit zu diesen „wissenschaftlichen Methoden", deren Fragwürdigkeit jedem klar sein sollte, der über Pornographie diskutiert. Es besteht der Verdacht, daß diese Weise der „Verhaltensforschung" weniger Wissenschaft als Ideologie ist.

Wie sollen wir nun die Pornographie beurteilen?

1. Pornographie wird produziert, um sexuelle Gier zu erwecken. Man würde Pornomaterial nicht kaufen, wenn dieser Zweck nicht immer wieder erreicht würde. Nun ist geschlechtliche Lust natürlich keine Sünde. Geschlechtliche Freude ist Teilhabe an der Schöpfungslust Gottes. Geschlechtliche Lust steigert und erfüllt unser Menschsein. Geschlechtslust öffnet zwar nicht die Pforte zum Paradies, aber sie beschenkt uns mit wunderbaren Möglichkeiten der Lebensentfaltung. Das Perverse der Pornographie besteht darin, daß die Geschlechtlichkeit verzerrt und sexuelle Lust „unmenschlich" wird.

Menschliche Geschlechtlichkeit verwirklicht sich in der Ganzheit der Begegnung von Person zu Person. Geschlechtslust ohne Liebe — sagen wir es ganz einfach: Trieb ohne Herz — ist brutal und unmenschlich! Die sogenannte „normale" (also auf Sadismus etc. verzichtende) Pornographie entstellt Sexualität zu bloßen Reaktionen des Fleisches. Liebe wird hier nicht ins Bild gebracht, sondern brutal verneint.

2. Sexualität verbraucht sich, wenn sie einfach konsumiert wird und die bloß „fleischtechnische" sexuelle Reizung stumpft ab, ohne daß die Gier nach rauschhafter Lebenserfüllung weniger wird. Der Pornoproduzent

wird also die Reizung steigern müssen. Die Lust muß mit neuen Methoden angeheizt werden. **Pornographie steigert sich zu Sadismus, Masochismus und Sodomie!** Die innere Logik der Hochpeitschung der Pornographie ist, **daß man auf „harten Sex" umsteigt.** Die betrogene Glückserwartung (der Mensch ist auf Glückserfüllung angelegt) schlägt um in Grausamkeit. **Brutalität und Sex gehen nun zusammen.** Nachdem die alten, sozusagen „normalen" Weiden der „Sexualbetätigung" abgegrast sind, werden neue Zonen abartiger Triebbefriedigung gesucht und angeboten.

3. **Aufreizende Bilder prägen das Unbewußte.** Nun gibt es überhaupt kein Bild menschlichen Grundverhaltens, für das nicht im Menschen selbst eine innere Bereitschaft vorhanden wäre. Hier käme ich jetzt in Versuchung, die Terminologie des bedeutenden Psychologen C. G. Jung zu entfalten. Ich muß mir das hier versagen und stelle nur bei aller Kürze der Aussage fest: Urbilder der Zerstörung, Perversion und Grausamkeit trägt jeder Mensch in sich. In den Kellern unserer Seele liegen allerlei schlafende Hunde. Diese Hunde können leicht geweckt werden — das wäre dann die Stunde der Versuchung.

Wer hat heute, da alle Glaubenskräfte zu versiegen drohen und die Sinngehalte herkömmlicher Lebensordnung schrumpfen wie Butter an der Sonne, noch die Kraft, die Dämonen der menschlichen Seele zu bezwingen?

Ein guter Pädagoge wird niemals ein Wort falsch an die Tafel schreiben, weil die Schüler durch die **Bildwirkung** des Wortes später immer wieder prompt falsch schreiben würden. **Die „falschen" Bilder der Pornographie mit ihrer verzerrenden und brutalisierenden Sexualität brechen in die Tiefenschichten der Seele** ein und wirken dort in einer Weise, die uns vielleicht im Augenblick nicht bewußt ist, eines Tages aber durchbrechen wird, so daß wir darüber erschrecken. Man bedenke: Der Verstand hat es eilig — die Seele, das Unbewußte, hat viel, viel Zeit. Wie töricht, die Einwirkungen der

Pornographie auf Kinder oder Jugendliche jetzt und hier messen und beurteilen zu wollen, wenn man doch weiß, daß die in der **Kinder- und Jugendzeit** empfangenen Bilder und Eindrücke ein ganzes Menschenleben bis ins Greisenalter hinein ihre prägende Kraft behalten! Die Pornographie, die das Menschenantlitz zur **Lustfratze und den Körper zum Lustmaterial entstellt, reprimitiviert die menschliche Geschlechtlichkeit zur Unmenschlichkeit!**

4. Im „Bonner Hearing" des Parlamentsausschusses sprach Helmut Kentler von der „**Kopplung der sexuellen Antriebe mit Aggressionen**". Diese Aussage läßt aufhorchen: Bislang hörte man beharrlich, daß Sexualität die Aggressionen aufhebt! Gebt die Sexualität frei — und der Mensch wird friedlich. Nun vernehmen wir aus berufenem Munde, daß der Pornoverbrauch auf „harten Sex", das heißt auf Sex, gemischt mit Brutalitätsszenen, umsteigt! Das heißt aber wiederum, daß man Lustempfindungen an Szenen hat, die Grausamkeiten darstellen.

Wir stellen noch einmal die Frage: Was ist „harter Sex?"

Zunächst **einige Tatsachen**, die für sich sprechen:

Sexualakteure schlachten in einem sexuellen Happening (öffentliche Schaustellung von Obszönitäten) ein Schwein. Mit Schweineblut besudeln sich die Gefährten und Gefährtinnen auf der Bühne, die dabei Sexualsymbolik pantomimisch darstellen.

Auf der Sexmesse in Offenbach — so geschehen im Jahre 1970 — kommt ein nackter Sexakteur mit zwei nackten Gespielinnen, die eine lebende Gans liebkosen, auf die Bühne. Die Gans wird geschlachtet, der flatternde Gänsekadaver läßt das Blut über die Sexakteure spritzen, die sich mit wollüstigen Gebärden über die Bühne wälzen.

Die Zeitschrift „Twen" (Nr. 1—2, Februar 1971) gibt Bericht über ein erotisches Filmfestival in Amsterdam, bei dem hemmungslose Nackedeis ihr Bedürfnis auf der Bühne verrichten, Liebesspiele betreiben, auch einer Gans den Kopf abhacken wollen, um mit dem Schnabel die Scheide einer Frau „aufzureizen" (übrigens klappte das nicht, weil diesmal die Gans davonflog).

Bei dem „Happening — Retrospektive" wurde unter dem Motto „Der geile Wotan" angekündigt, eine Ziege, die man als Frau anzuerkennen bereit wäre, aus Lust zu morden.

Auf dem erotischen Filmfestival in Amsterdam bekam den ersten Preis ein von Peter Flemming und „Shinkichi Tajiri" in Dänemark gedrehter Film, der von einem Mädchen handelt, das geschlechtlichen Verkehr mit Vögeln hat. In der Besprechung zu diesem Film heißt es in der bereits zitierten Zeitschrift „Twen" schamlos (S. 73): „Erst sieht man sie mit den Pferden, denen sie bei der Paarung helfen muß. Dann mit einem Schwein, einer Ziege und, besonders schön gefilmt, mit einem Hund. Das Mädchen wirkt ganz sicher und entspannt, und der Film hat eine total andere Wirkung als die übliche Pornographie, weil er eine überaus glückliche und natürliche Idylle zeigt, wo die öffentliche Meinung die tiefste Perversion sich bisher vorgestellt hat."

Solche Meldungen könnten leider beliebig fortgesetzt werden. Aber die hier aufgeführten Beispiele genügen, um unmißverständlich deutlich zu machen, wie Sexualtrieb in Zerstörungstrieb umschlägt, wie „kalte" Sexualität sich mit Brutalität vereinigt. Lust durch Grausamkeit erweckt menschliche Zerstörungstriebe, die über uns alle Unheil bringen können.

Selbstverständlich verbietet die Bibel den **geschlechtlichen Verkehr mit Tieren**: Im dritten Buche Mose, Kap. 20, Vers 15 lesen wir: „Wenn jemand bei einem Tier liegt, der soll des Todes sterben, und auch das Tier soll man töten. Wenn eine Frau sich irgendeinem Tier naht, um mit ihm Umgang zu haben, so sollst du sie töten und das Tier auch." Wir dürfen allerdings nicht erwarten, daß alle heute gegebenen Möglichkeiten und Einzelheiten pornographischer Darstellungen durch den Beleg von Bibelstellen verurteilt werden können. Die Verurteilung der Pornographie ergibt sich für den Christen nicht dadurch, daß er einzelne Bibelstellen als „Einzelargumente" zusammensucht. Wir müssen auf die Einheitlichkeit der biblischen Aussage sehen.

Dabei bedenken wir zunächst, daß die **Sünden, die heute propagiert werden, uralt** sind. Es gibt sie, solange es den Menschen in seiner Sünde gibt. Auch die Pornographie hat ihre lange, lange Vorgeschichte. Die sexuellen Verirrungen und Grausamkeiten früherer Völker sind furchtbar gewesen. Deswegen gebietet Gott dem israelitischen Volk auf seiner Wanderung durch die Wüste: „Und wandelt nicht in den Satzungen der Völker, die ich vor euch vertreiben werde. Denn das alles haben sie getan und ich habe einen Ekel an ihnen gehabt." (3. Mose 21,23).

Die r e l i g i ö s e n K u l t e dieser Völker arteten oft in eine A r t s e x u e l l e r O r g i e aus. K u l t u n d R a u s c h waren eine Einheit bei vielen Völkern, mit denen Israel leben mußte. Dabei gab es sakrale Prostitution (Geschlechtsakt im Tempel als Ausdruck sinnlicher Vereinigung mit der Gottheit), in orgiastischen Tänzen wurden Geschlechtsorgane und nackte Körper mit sexualpantomimischer Aufdringlichkeit zur Schau gestellt (vergl. W. G. Cole „Liebe und Sexus in der Bibel", 1961).

— Ganz im Gegenteil dazu wird i n d e r B i b e l j e g l i c h e s i n n l i c h - e k s t a t i s c h e R a u s c h h a f t i g k e i t b e i m G o t t e s d i e n s t a u s g e s c h l o s s e n. Das Verbot (2. Mose 20,26) „Du sollst auch nicht auf Stufen zu meinem Altar hinaufsteigen, daß nicht deine Blöße aufgedeckt werde..." versteht sich von dieser Distanzierung gegenüber den gleichsam „p o r n o g r a p h i s c h e n K u l t e n" i n d e r A l t e n W e l t. Es wird auch eindeutig ausgesagt, daß d e r n a c k t e K ö r p e r nicht zur sinnlichen Aufreizung öffentlich begafft oder zur Schau ausgestellt werden darf. Im 1. Buch Mose, Kap. 9, Vers 20—26 wird geschildert, wie Noah, von Wein berauscht, nackend in seinem Zelte einschläft. Sein Sohn Ham, der „Vater Kanaans" (d. h. in der biblischen Sinngebung der Ursprung der widergöttlichorgiastischen Kulte Palästinas vor und auch noch nach der Landnahme Israels) begafft die Nacktheit seines Vaters, während die Brüder voll Scham und Ehrfurcht die Blöße ihres Vaters bedekken. Hier geht es nicht nur um die Ehrfurchtlosigkeit gegenüber dem Vater, sondern — im Zusammenhang mit anderen Aussagen (als Beispiel: 5. Mose 25, 11 ff., 1. Kor. 11,4 ff. usw.) — um die schamlose und begehrliche Schaulust überhaupt. Nacktheit bedeutet — geschlechtlich gesehen — Hingabe des ganzen Menschen in der Schöpfungsordnung ehelicher Begegnung.

Zur „Schau" hingestellte, „veröffentlichte" Nacktheit wird von der Bibel eindeutig als schamlos verurteilt. — Schamlosen Menschen und schamlosen Völkern kündigt die Bibel das Gericht an.

Sie zeigt:

Völker sind zugrunde gegangen, weil ein Gesellschaftswesen ohne eine sittliche Ordnung nicht bestehen kann.

Damit kommen wir zum letzten Punkt.

Soll der Staat über die Sittlichkeit wachen?

Im Grundgesetz der Bundesrepublik Deutschland heißt es im Art. 2, Abs. 2: „Jeder hat das Recht auf die freie Entfaltung seiner Persönlichkeit, soweit er nicht die Rechte anderer verletzt und nicht gegen die verfassungsmäßige Ordnung oder das Sittengesetz verstößt."

Eben dieses Sittengesetz steht zur Debatte. Mit Recht wird bestraft, wer einen Menschen wegen der Zugehörigkeit zu einer Rasse verächtlich macht oder bedroht. Mit Recht wird bestraft, wer trunken am Steuer sitzt und seine Mitmenschen gefährdet. Strafe muß sein, wo der Mensch den Menschen gefährdet. Der Staat muß „Rechtsgüter" schützen. Zu diesen Rechtsgütern gehört die Menschenwürde. Menschenwürde kann es nur innerhalb der Grenzen einer vom Staat geschützten und vom Volke anerkannten Sittlichkeit geben. Das Ende der Sittlichkeit ist der Anfang der Zerstörung des Menschen.

Meine Sorge ist, daß der Staat die Unterscheidung zwischen Gut und Böse im Sinne der herkömmlichen-abendländischen Wertordnung langsam aber sicher abbauen wird. Schon heute spricht man nur noch zögernd von Schuld, Sühne oder Strafe. Die Rechtsunsicherheit im „Dritten Reich" des Nationalsozialismus war bedroht durch die Devise: „Recht ist, was dem Volke nützt" und durch die Proklamation Hitlers, die Juristen seien für das Volk und nicht das Volk für die Juristen da. Damals stellte man das Volksempfinden über die abendländisch-christlichen Rechtsordnungen. Damals gab es sogenannte Rechtsgelehrte, die das **Recht nicht mehr an einer absoluten Sittlichkeit, an den biblischen Maßstäben von Schuld und Sühne, sondern an dem Nützlichkeitsprinzip** völkischen Daseins orientieren wollten. Heute besteht die Gefahr, daß man in gleicher Bekämpfung christlicher Wertordnung die Gesellschaft und ihre Nützlichkeitsprinzipien zum Maßstab des Rechtes erhebt. Ist nur das gut, was der Konsumgesellschaft nützt? Richten sich die Maßstäbe von **Gut und Böse** nicht mehr nach dem absoluten Urteil Gottes, sondern **nach den Bedürfnissen einer Gesellschaft**, die von der Ideologie einer das Christentum bekämpfenden „intellektuellen" Minderheit von Berufsrevolutionären propagiert werden?

Sind wir uns darüber klar, daß wir uns inmitten einer Kulturrevolution befinden, weil alte, herkömmliche Werte durch eine „neue Moral" ersetzt werden?

Die Antwort des Christentums ist die Antwort Christi:

„Denn ich sage euch wahrlich: Bis daß Himmel und Erde vergehen, wird nicht vergehen der kleinste Buchstabe noch ein Tüpfelchen vom Gesetz, bis daß es alles geschehe." (Matth. 5, 19)

Damit ist gesagt: **Die Gesetze Gottes sind unwandelbar!** Sie sind gut und barmherzig wie Gott selbst.

Wenn das Gesetz Gottes nicht mehr gilt, dann ist die Endzeit angebrochen!

3. Kapitel

Die Zerstörung der Ehe

Die Entscheidung Jesu

Es gibt im Neuen Testament eine ganz klare Aussage Jesu über die Ehescheidung. Von den Pharisäern wird Jesus direkt danach gefragt. Dabei verweisen sie auf die Praxis der alttestamentlichen Rechtssprechung, nach der es verhältnismäßig leicht war, eine Ehe zu scheiden. Das ging schon damals fast immer auf Kosten der Frau. Sie bekam von ihrem Mann einen „Scheidebrief" und hatte dann wenigstens die Möglichkeit, als „vorschriftsmäßig Entlassene" in einer anderen Ehe unterzukommen.

Zu dieser „Rechtspraxis" sagt Jesus: „... von Anbeginn aber ist es nicht so gewesen." (Matth. 19,8) Damit ist gemeint: A l s G r u n d s a t z   d e r   S c h ö p f u n g s o r d n u n g, so wie Gott es eigentlich haben will, ist e i n e E h e u n a u f l ö s b a r. Jesus sagt: „So sind sie nun nicht mehr zwei, sondern ein Fleisch. Was nun Gott zusammengefügt hat, das soll der Mensch nicht scheiden." (Matth. 19,6) Das heißt:

1. Wenn zwei Menschen eine E h e eingehen, dann ist die Ehe n i c h t   e i n   m e n s c h l i c h e s   V e r t r a g s w e r k oder eine partnerschaftliche Vereinbarung, sondern Handeln Gottes. Ganz einfach ausgedrückt: G o t t   h a t   e i n e   E h e   g e s c h a f f e n.

2. Daß Mann und Frau nun „ein Fleisch" sind, bedeutet, daß e i n e   n e u e   S c h ö p f u n g entstanden ist. So wie aus etlichen Molekülen eine Zelle wird, so wird hier aus zwei Menschen eine neue Lebenseinheit, die wir eben Ehe nennen. Wer eine Ehe bricht, der zerstört eine von Gott geschaffene Lebenseinheit.

Die sogenannten (auch in der Bibel aufgezählten) A u s n a h m e n können wohl Eheleute voneinander t r e n n e n, aber niemals eine Ehe a u f h e b e n. Vorausgesetzt ist dabei natürlich, daß die Ehe wirklich als Ehe entstanden ist, das heißt, daß beide Partner freiwillig und mit der wirklichen Entscheidung für die Ehe eine Ehe eingegangen sind und die Ehe im leiblichen Einssein verwirklicht haben. Wenn das geschehen ist, sehe ich nicht die Möglichkeit, eine solche Ehe „aufzulösen".

Der Kampf gegen die Ehe

Gegen diesen biblischen Grundsatz schreien die herrschenden Wortführer des Modernismus auf. Diese der Bibel gegenüber gehorsame Art und Weise von der Ehe zu denken, gilt heute als Höchstmaß von „Repression", das heißt Unterdrückung der Freiheit und des Glücks im Genuß-Konsum-Menschentum. Folgende Argumente werden heute gern gegen die Ehe propagiert.
1. 1967 griff die Schwedin Barbro Brackberger in ihrem Buch „Das verkrüppelte Frauenideal" in das Herz der Familie: Sie verhöhnte das Bild der Frau, die als Mutter die Urzelle der Familie ist. Die Kampflieder von Barbro Brackberger sind in deutschen Zeitungen und Illustrierten in vollen Brusttönen der Überzeugung nachgesungen worden. Das „Mütterliche" ist eine „heilige Kuh" unserer Gesellschaft, sie muß getötet werden, wenn die Frauen endlich aus dem Gefängnis der „häuslichen Glücklosigkeit" in die Freiheit ausbrechen wollen. Mutterliebe und Mutter sein — so sagt man — sind ja nur Zwangsvorstellungen: Im Grunde lieben die Mütter ihre „süßen Kinder" genauso wenig wie den „trauten Herd". Mütter reden sich diese Liebe nur ein, damit sie sich besser mit der Halskette abfinden, mit der sie an die Glücklosigkeit quälender Aufgaben wie an einen Marterpfahl angekettet sind.
2. Wie das „Mütterliche", so muß auch das „Erotische" in der Ehe entschleiert und entdramatisiert werden. Barbro Brackberger meint, daß die eheliche Liebe die Sexualität tötet. Eheleute leben mit „Mini-Sex". Ihre langweilige Sexualität konsumieren sie wie ein langweiliges, klein-

bürgerliches Mittagessen. Hier gibt es keine zur vollen Glücksentfaltung führende abenteuerliche Sexualität, die doch nur dadurch zu ihrem Höhepunkt geführt wird, daß neue partnerschaftliche Möglichkeiten eingegangen werden. „Ich bin ein ganz neuer und anderer Mensch geworden", läßt man versklavte Familienmütter sagen, die zum erstenmal — etwa im Gruppensex — mit „neuen" Partnern neue Sexualerlebnisse haben.

3. Eheleute machen in ihrem Leben sehr verschiedene Phasen der Entwicklung durch. Darf man erwarten — so wird heute gefragt — daß sie in all diesen Phasen wirklich immer wieder zusammenpassen? Die Menschen ändern sich, sollten deswegen nicht auch einmal die E h e n g e w e c h s e l t w e r d e n? Sebastian Haffner bejaht diese Frage und empfiehlt (vgl. sein Buch „Emanzipation und Ehe", 1968) d i e E h e a u f Z e i t. Haffner meint, daß die lebenslängliche Einehe durch den Gang unserer technischen Gesellschaft überholt sei. Sie habe zwar (wie zur Zeit Bismarcks die europäischen Monarchien vor ihrem endgültigen Untergang) gegenwärtig noch so etwas wie eine Spätblüte — in der nächsten Zukunft aber würde sie fast kampflos ihr Ende finden. Neue Phasen unseres Lebens (wie viele werden z. B. in der Zukunft ihren Beruf wechseln müssen, weil neue Fortschritte neue Berufe schaffen und alte absterben müssen) bedingen neue Phasen unseres Daseins — wir ändern uns — also werden wir auch unsere Einstellung zum Partner ändern — also werden wir das Verlangen haben, andere, d. h. neue Partnerschaften einzugehen.

4. G l ü c k , L u s t , F r e u d e s t e h e n a l s W o r t e h e u t e a n d e r S t e l l e v o n T r e u e , B e w ä h r u n g u n d P f l i c h t. Gut ist, was Spaß macht, ob der eine Partner so wie der andere auch gleichzeitig Spaß hat, die Partnerschaft zu wechseln oder nicht, ist dabei gleichgültig. Wo man so trunken von neuen Glücksmöglichkeiten spricht, wird mögliches Leid verharmlost.

Zerrüttungs- statt Schuldprinzip

Wer wagt nun noch, von „Schuld" angesichts der Auflösung einer Ehe zu sprechen? S c h u l d kann nach dieser K o n s u m e n t e n w e l t a n s c h a u u n g doch höchstens bedeuten, daß man so dumm ist, auf Lustgewinn zu verzichten. Aber Schuld — weil eine gottgewollte Ordnung zerstört wird? Was hat Gott mit Lust zu tun? In einer lustbetonten Zivilisation hat der „Bibelgott" nichts mehr zu suchen.

Merkt man nicht, daß jeder A n g r i f f a u f F a m i l i e u n d E h e e i n e B e s c h i m p f u n g G o t t e s ist? Wenn man den Gott leugnet, der die Ehe begründet, dann kann es natürlich für diese Gottesleugner keine Schuld diesem Gott gegenüber mehr geben! Wenn es keine Verantwortlichkeit Gott gegenüber gibt, dann ist der M e n s c h n u r n o c h s i c h s e l b s t g e g e n ü b e r v e r a n t w o r t l i c h. Es gelten n i c h t m e h r A n s p r u c h u n d O r d n u n g G o t t e s, sondern das Konsumverlangen des Menschen. Der Mensch in seinem Anspruch auf Lust wird des Menschen Herr. Was meinem Lustgewinn im Wege steht, muß fallen.

Was man auch heute oder morgen in den Parlamenten unserer westlichen Staaten entscheiden mag, ob mehr oder weniger fortschrittlich: Die Auflösung der Ehe wird voranschreiten. Der „Fortschritt" bedeutet dann für nicht allzu ferne Zukunft: Zerstörung der Familie, Vergesellschaftung der Kinder, Menschenwesen, die ohne die „heilige Kuh" der natürlichen, schöpfungsgegebenen Mutterliebe aufwachsen und die Autorität des Vaters nicht mehr kennenlernen. Es wird eine in gleicher Weise vater- und mutterlose Kultur sein, die auf uns zukommt. Dafür werden dann die Kinder perfekt verwaltet und für eine lustbetonte Zivilisation zu normgerechten Konsumenten herangezüchtet. Daß erwiesenermaßen bei jugendlichen Verbrechern aller Länder als häufigste Letztursache menschlichen Versagens zerstörte Familienverhältnisse erkannt wurden, läßt die Menschenmacher von heute kalt.

Die sich alsbald vollziehende Praxis staatlicher Gesetzgebung wird also sein: Wird eindeutig festgestellt, daß e i n e E h e zerrüttet ist (dazu genügt: Wenn schon ein Partner „keine Lust mehr hat" und „nicht mehr mitspielt" — dann ist die Ehe zerrüttet — so einfach ist das), dann wird die Ehe (auch gegen den Willen des anderen Partners) **geschieden, ohne daß die Schuldfrage „ins Spiel" gebracht wird.** Statt Schuld wird man höchstens noch von einem normverfremdeten Verhalten sprechen, statt Sühne gibt es die Reparatur. Und im Jahr Zweitausend wird es als antiquiert, reaktionär und gesellschaftsschädlich gelten, wenn man noch von Gut und Böse, Recht und Unrecht, Schuld und Sünde redet. Die **Ehe** wird dann bestenfalls **ein Registraturproblem** sein, so daß bestehende und aufgelöste „Partnerschaften" (hauptsächlich für das Finanzamt) nur noch karteimäßig erfaßt werden müssen.

Das Zeugnis für die Ehe

Wenn Christus sagt, daß Mann und Frau „ein Fleisch" werden, dann ist damit natürlich nicht nur die „bloße geschlechtliche" Vereinigung gemeint. Die Bibel kennt überhaupt nicht die „bloße geschlechtliche Begegnung" als eine Funktion von Lustpotentialen. Die leibliche Geschlechtlichkeit (wenn man es einmal so „eindimensional" ausdrückt) bedeutet:
1. **Teilhabe** an von Gott gegebener Schöpfungskraft und **Schöpfungslust**.
2. **Hingabe des ganzen Menschen.** Ein Fleisch sein meint also, daß zwei Menschen überhaupt eine neue Ganzheitlichkeit eingehen, die endgültig ist. Das hebräische Wort für „erkennen" **und** geschlechtliche Begegnung heißt jada!

Entscheidend ist nun, daß beide wirklich **das ganze Leben gemeinsam** tragen in allen Phasen, Lasten, Herausforderungen, Freuden und Schönheiten. Beide erleben gemeinsam Jungsein und Altwerden, die Vollkraft und den „Abend" leiblich-geschlechtlicher Möglichkeiten.

In der vollkommenen Ehe stumpft die Geschlechtlichkeit deswegen nicht ab, weil sie nicht „verbraucht" wird, weil keiner einseitig durch den anderen als Lustobjekt fixiert ist. Wo Ehe als

Glücks-Befriedigungs-Paradies der Haut mißverstanden wird, kann allerdings schnell die Erotik auch in der Ehe „verbraucht" werden. Wo aber die **Sexualität in die Ganzheitlichkeit** einer Lebensgemeinschaft eingeordnet ist, da wird sie nicht nur nicht verbraucht, sondern entfaltet.

Wenn phantasielose und lustkonsumfixierte Menschen solche Erfahrungen nicht machen, dann brauchen sie ihre subjektiven Erlebnisse und menschlichen Pleiten noch lange nicht als absolute Wahrheit über die Ehe auszugeben.

Natürlich ist die Ehe **kein Paradies**. Es gibt auf dieser Erde überhaupt keine Paradiese. Der Christ weiß warum. Wer Paradiese verspricht, wird die Hölle verwirklichen.

Natürlich ist der Ehepartner kein Supermensch. Der Christ weiß um die eigene und des Partners Sündhaftigkeit.

Also wird eine Ehe nicht ohne Opfer, Leiden und Bewährungen auskommen. (Der Heidelberger Katechismus schreibt: „Dieweil den Eheleuten gemeinlich vielerlei Widerwärtigkeit und Kreuz vonwegen der Sünden zukommen...") Der **christliche Realismus wird Eheleute vor albernen Illusionen bewahren.** Aber gerade durch diese menschliche Bewährung, in der Treue gegenüber diesem „Beruf", wird der einzelne **in seinem Menschsein vertieft** — beide Eheleute werden durch die Ehe reifer, freier und können in den späteren Phasen ihres Lebens — gerade durch die Menschwerdung einer lebenslangen, endgültigen Bindung — neue Horizonte und Freude entdecken.

Gerade weil Mann und Frau **neue Phasen in ihrer Entwicklung** durchmachen, werden sie immer wieder **neu und anders ihre Ehe erfahren.** Gerade weil die moderne Frau im Berufsleben steht und mit immer anderen Bewährungen konfrontiert wird, nehmen Fragen und Antworten kein Ende. Die Ehefrau ist nicht immer in gleicher Weise Mutter, die Kinder wachsen und werden immer wieder neue Fragen und neue Antworten stellen und hören wollen. Welcher Weltfremdling will sagen, daß Ehe und Familie langweilig sind?

Weil die Ehe eine endgültige Bindung ist, stellt sie in sich eine **einzigartige menschliche Gemeinsamkeit** dar. Ich bin davon überzeugt, daß über den Tod hinaus diese Verbindung weiterbesteht. Natürlich werden wir nicht im Himmel freien und uns freien lassen. Wir werden — wie Christus sagt — im Himmel wie die Engel sein (Luk. 20,36). Wir leben in der Ewigkeit also nicht als Verheiratete, wie wir auf dieser Erde als Verheiratete leben. Aber dennoch bin ich gewiß, daß die vollkommene eheliche Liebe ein **Abbild der himmlischen Liebe** ist. Gerade weil es eine Auferstehung auch des Leibes gibt, wir also „persönlich" weiterleben, wird auch die Liebe zum anderen im Himmel, wenn auch gewandelt und vertieft, weiterleben. Insofern hat der Ausspruch des Apostels Paulus, daß die Liebe niemals aufhört, auch für die Eheleute eine unmittelbare Bedeutung (vergl. 1. Kor. 13).

Was soll man nun dem Zynismus entgegenhalten, der die „heilige Kuh" der Mutterliebe „schlachten" will? Was soll man schon jenem sagen, der nicht erlebt, versteht und weiß, was die Liebe in der Familie bedeutet? Christus hat vorausgesagt, daß **am Ende der Zeiten die Liebe in vielen erkalten** wird (Matth. 24,12). Mir scheint, daß unsere Lustbefriedigungszivilisation diese endzeitliche Wirklichkeit schon jetzt wie eine unheilbare Krankheit in sich trägt. Dämonen kennen keine Liebe — unsere Zeit wird in dem Maße dämonisiert, als die Liebe in eiskaltem Zynismus verworfen wird. Wo das Glück der Liebe nicht mehr erfahren wird — da wachsen Aggressionen. **Aggressiv wird, wer um die Liebe betrogen wurde.** Wer die durch Gottes Schöpfungsmacht gegebene Liebe zwischen Eltern und Kindern verächtlich macht, gar mit dem Zweck, Ehe und Familie zu zerstören, der mehrt jene Voraussetzungen, auf denen Aggressionen wie untilgbares Unkraut emporschießen. Für zu viele ist dann diese Welt nicht mehr zu ertragen. Zunehmende Rauschgiftsucht, Selbstmordanfälligkeit, seelische Instabilität sind unübersehbare und mahnende Zeichen unserer Zeit. Wo man sich gegen die Ordnung Gottes erhebt, wächst die Wüste.

Das Ethos der Christenmenschen ist nicht mehr das Ethos dieser Welt. Das im christlichen Abendland bislang wenigstens im Grundsatz unangefochtene christliche Ethos wird zerstört. Wie in der urchristlichen Situation werden wir heute immer mehr gegen den Strom der Zeit leben. Christliche Familien werden erkennen, wie sie plötzlich über Nacht angesichts der Sturmflut der Sittenlosigkeit wie auf einer Insel leben. **Die Chance des Christen**, durch seine ganze Lebenswirklichkeit Zeugnis zu geben, wächst damit täglich. **Familie, Vater- und Muttersein sind keine Selbstverständlichkeit mehr** — also werden wir Christen durch die Bewährung in diesen Ordnungen ein Zeichen setzen und ein Licht anzünden, das weithin den Heiden leuchten möge. Das tun wir nicht mit pharisäischer Selbstgerechtigkeit, sondern das ist praktische, helfende Mitmenschlichkeit. Wer sich treu in dieser Ordnung bemüht, der tut mehr für das Wohl der Menschheit als ein Schreibtischrevolutionär, der pausenlos von Gerechtigkeitsfanatismus triefende Resolutionen verfaßt, dabei aber Ehe und Kinder vor die Hunde gehen läßt.

Ich meine, daß **Ehe und Familie durch diese Herausforderungen** unserer Zeit **vertieft** werden. Wo die Schatten der Zerstörung wachsen, da wird das Licht göttlicher Ordnung um so heller leuchten.

4. Kapitel

Jugendsexualität

Sexuelle Revolution unter der Jugend?

Es gibt keinen umfassenden und lückenlosen Bericht über das sexuelle Verhalten der Jugend. Wollte man genau informiert sein, dann müßte die sogenannte „Verhaltensforschung" noch sehr gründliche und fleißige Arbeit leisten. Die „Reports", die gegenwärtig zur Verfügung stehen, lassen uns höchstens ahnen, wie es im Sexualverhalten des Jugendlichen (etwa zwischen 13 und 17 Jahren) in unserer westlichen Welt aussieht.

Der Schulmädchenreport von Günther Hunald („Schulmädchen-Report" 1970), der die sexuellen Verhaltensweisen von Mädchen zwischen 13 und 17 Jahren untersucht, kommt zu Ergebnissen, die ich wie folgt charakterisieren möchte:

1. Wie bereits Kinsey in seinen Mammutdarstellungen der fünfziger Jahre über das sexuelle Verhalten von Mann und Frau festgestellt hat, nehmen Masturbation (Selbstbefriedigung) und Petting (Liebesspiele, in denen mit Ausnahme des Coitus, also der unmittelbaren geschlechtlichen Vereinigung, alles „erlaubt" ist) an Häufigkeit zu. Bei dieser Gelegenheit möchte ich gleich folgende grundsätzliche Feststellung einblenden: Die sexuellen Verhaltensweisen sogenannter „höherer Kreise", deren „S e x u a l k u l t u r" mit allen Zerfallserscheinungen, breiten sich auf alle Bevölkerungsschichten aus. Wir haben hier sozusagen — s o z i o l o g i s c h gesehen — e i n e „R e v o l u t i o n   v o n   o b e n". (Man bedenke, daß z. B. die Pornographie eine uralte Sache ist und daß pornographisches Material seit je — wenn auch zu hohen Preisen — in „kleinen Kreisen" gehandelt und gezeigt wurde.) Was heimlich geschah, wird heute „veröffentlicht".

2. P e t t i n g wird aber auch insofern i n t e n s i v i e r t, als immer mehr Jugendliche Fellatio und Cunnilingus (d. h. durch orale, also mit dem Mund bewirkte Erregung des Geschlechts-

organs des jeweiligen Partners) in ihr Petting als „normal"
einbeziehen.
3. Unter den befragten Jugendlichen soll es k e i n e p o s i t i v e
W e r t u n g d e r J u n g f r ä u l i c h k e i t mehr geben.
Vorehelicher Geschlechtsverkehr — so meint z. B. der Hunald-
Report — ist die Regel. (Seymour L. Halleck stellte allerdings
noch 1967 in einer Untersuchung fest, daß von dreihundert
befragten Studenten der University of Wisconsin nur 22 %
vorehelichen Geschlechtsverkehr hatten. Allerdings gilt dieses
Gebiet der USA als besonders „stabil". Ich bringe dieses Beispiel deswegen, um zu zeigen, wie sehr man sich vor Verall-
gemeinerungen von Sex-Reports hüten muß.)
Wir werden also im Blick auf den „Trend" annehmen müssen,
daß J u g e n d l i c h e i m m e r m e h r s e x u e l l a k t i v
w e r d e n. Dabei steht zu erwarten, daß Eltern nur zu oft keine
Ahnung von den sexuellen Gepflogenheiten ihrer Kinder haben,
daß sie vielleicht auch schon deswegen nichts wissen wollen,
weil sie vor dem, was sie nun wissen müßten, Angst haben. Es
gibt viele E l t e r n , die mehr oder weniger bewußt v o r d e n
H e r a u s f o r d e r u n g e n des Jugendsexualismus a u f d e r
F l u c h t sind! Sie wissen nicht, wie sie sich dieser Jugend stellen sollen. In einem Bericht von Rolv Heuer in der Wochenzeit-
schrift „Stern" (1970, Nr. 15) heißt es: „Sex, finden die Mädchen,
ist zu schön, um schlecht zu sein. Treu sind sie, weil auch Treue
Spaß machen kann. Von der lebenslänglichen Ehe halten sie
wenig..." Und das anschließende Urteil der Reportage über
das Thema „Mit 15 sind die Mädchen reif" lautet: „Unsere Mädchen nützen die Chance, endlich zwischen Es und Überich Frieden zu schließen. Bei der Entscheidung zwischen Pflicht und Nei-
gung verlassen sie sich auf sich selbst: Mit gutem Gewissen
ignorieren sie die kindischen Verbote der Erwachsenen, ob es
sich nun um Sex, Haschisch, zu kurze Minis oder zu lange Maxis
handelt. Viele dieser fünfzehnjährigen Kinder sind schon jetzt
kritischer als es die meisten Erwachsenen je sein werden."
Also — Aufstand der Fünfzehnjährigen gegen die „kindischen
Gebote" der Erwachsenen. Also — die l u s t b e t o n t e H a l -
t u n g : gut ist, was Lust bringt und Spaß macht. Die Jugend ge-

braucht Sex — so wie sie Hasch oder Textilien gebraucht. Es ist eine u n d r a m a t i s c h e R e v o l u t i o n einer undramatischen Jugend, die im Grunde genommen nichts anderes tut, als sich die lustbetonten Zivilisationspraktiken der Alten anzueignen. Das Revolutionäre an der Jugend besteht — paradoxerweise — darin, daß sie das, was die Alten noch mit Hemmungen tun — ohne Hemmungen macht. Es ist die sachliche, nach dem Modell der „Lebemänner", vollzogene Art und Weise, ein lustbetontes Leben zu führen.

Sind alle Jugendlichen so?

Natürlich nicht!

Aber es gibt diesen Stil. Und dieser Stil setzt für ungezählte Jugendliche nachahmenswerte V e r h a l t e n s m o d e l l e . Die sachliche Sexualität ist ein Propagandaartikel, der mit Vehemenz und geschäftlichem Erfolg unters Volk — vor allem unter die Jugend — gebracht wird. Denn Jugendliche sind zahlungsfähige und damit interessante Konsumenten geworden.

Es ist albern zu behaupten, daß die in Massenmedien propagierte S e x - u n d P o r n o w e l l e Jugendliche in ihrem sexuellen G r u n d v e r h a l t e n nicht beeinflusse. Die Reports widersprechen dem doch selbst! Woher haben die Jugendlichen denn ihre „variationsreiche Sexualkultur"? Wenn es heute noch „R e s e r v a t e" n i c h t v e r s e x u a l i s i e r t e r J u g e n d l i c h e r gibt, dann doch nur deswegen, weil hier noch Gebot und Ordnung überzeugend vorgelebt werden und die so verlästerte „Tradition" den totalen Sieg der sexuellen Revolution verhindert hat.

Wer hat Schuld, daß es sexuelle Revolution unter der Jugend gibt?

Etwa die Jugend?

Wer setzt ihr die Leitmodelle „sachlicher Lust" vor Augen?

Wie wird Jugend „aufgeklärt"?

Kann Aufklärung helfen?

In dem Wort „Aufklärung" liegt ein Programm. Aufklärung heißt: Geheimnisse „entschleiern" oder „enthüllen", auf natürliche Ursachen „zurückführen", die Phänomene „begreifen" und „einsichtig" machen.

So soll nun auch S e x u a l i t ä t „b e g r i f f e n" (in ihren Funktionen) u n d „e i n s i c h t i g" g e m a c h t w e r d e n. Das Geheimnis der Geschlechtlichkeit wird „entlüftet", „entschleiert" und „zurückgeführt auf"! Man fragt sich:

Welche Unterschiede bestehen zwischen der Erklärung eines Münzfernsprecherautomaten und einer „Geschlechtshandlung"? Es gibt Bücher und Atlanten mit Groß- und Kleinaufnahmen über „Äußeres" und „Inneres", „Oberes" und „Unteres" der „Geschlechtsglieder". Es gibt also — so erfährt es der junge Mensch — diese Apparatur der Geschlechtlichkeit — also lerne man, wie sie funktioniert. Dabei gibt es dann noch — wenn überhaupt — sehr allgemeines Gerede von Partnerschaft, Mitmenschlichkeit und Verantwortung. So einfach ist das alles.

Moderne Aufklärung kann aber noch weiter gehen. Dann beschränkt sie sich nicht nur darauf, wie Geschlechtlichkeit funktioniert, sondern auch zu welchem Zweck sie funktionieren soll. D e r Z w e c k ist dann die L u s t b e f r i e d i g u n g. O h n e H e m m u n g e n sollen Jugendliche den „Gebrauch" der Geschlechtlichkeit zur praktischen Lusterfüllung lernen.

In der „Sexualinformation für Jugendliche" des Dänen Bernd H. Claesson (Anfang 1971 in deutscher Sprache erschienen) werden unter anderen auch diese Wege „zweckmäßigen Gebrauchs" empfohlen und bedacht:

1. Wenn man ein Tier nicht mißhandelt, dann kann auch m i t e i n e m T i e r G e s c h l e c h t s v e r k e h r geübt werden.
2. D i e T e c h n i k d e r M a s t u r b a t i o n wird erklärt. Dabei wird männlichen Jugendlichen geraten, bei der Selbstbefriedigung das Überziehen von Verhütungsmitteln zu üben.
3. Beim P e t t i n g wird oraler Verkehr, also die mit dem Mund zu vollziehende Erregung (und ggf. auch Befriedigung) des Geschlechtsorgans des Partners empfohlen.

Die „kalte Aufklärung" bewirkt die „kalte Sexualität". Sexualität ohne Scham, Liebe, Freude — das heißt doch Sexualität ohne Engagement der Person. Ein Beispiel für diese so reprimitivierte Sexualität gibt die Untersuchung „Sozialistische Projektarbeit im Berliner Schülerladen rote Freiheit" (1970). In diesem Schülerladen wurde kalte Aufklärung praktiziert. Das Ergebnis ist — so muß man nun zugeben — daß z. B. die Frau bei männlichen Jugendlichen nur noch als Lustobjekt Bedeutung hat, mit dem man sich, wenn man Lust hat, um jeden Preis befriedigen darf. Unverhohlene Grausamkeit wurde festgestellt, weil einige Jugendliche hemmungslos bekannten, auch dann den sexuellen Akt an einer Frau zu vollziehen, wenn sie es selbst nicht wolle. Man müsse sie dann eben fesseln — meinte ein befragter Jugendlicher.

1970 erschien im März-Verlag Frankfurt ein Buch, das — nach dem Vorwort — „zu allererst in die Hand des jugendlichen Lesers gehört". Die 160 Seiten starke und mit vielen Abbildungen versehene Broschüre, von Günther Amendt und anderen Mitarbeitern herausgegeben, heißt „Sexfront". Dieses „Aufklärungsbuch" distanziert sich zunächst einmal von katholischen und protestantischen Aufklärungsschriften mit dem Vorwurf des Sexualverbrechens: „Mir ist beim Studium der katholischen und teilweise auch der protestantischen Sexualaufklärungsschriften erstmals klar geworden, was der Begriff Sexualverbrechen eigentlich meint und auf wen die Bezeichnung Sexualverbrecher zutrifft: auf die Verfasser dieser Schriften." (S. 13) Totale Liberalisierung der Sexualität versteht sich in dieser Broschüre von selbst. Über die Onanie heißt es: „Es gibt keine Onanierichtlinien. Onaniere so oft — so viel oder so wenig — wie du willst und solange es dir Spaß macht." Das überrascht im Vergleich zu anderen progressiven Aufklärungsbüchern genauso wenig wie die Tatsache, daß im Text — und auch in den Abbildungen — Anleitungen für die Technik von Onanie und Petting gegeben werden. Zum Beispiel (S. 18): „Man muß nämlich oft seinem Partner oder seiner Partnerin sagen oder zeigen, was man gerne hat und wie man's gerne hat. Im Falle des Zögerns also kann der Junge die Hand des Mädchens führen und natürlich auch umgekehrt das Mädchen dem Jungen zeigen, wo sie es besonders schön findet, wenn er sie mit seiner Hand streichelt." Überraschend allerdings ist für dieses Aufklärungsbuch, daß in den eben zitierten Text eine Notenzeile mit den Worten des bekannten Kirchenliedes eingeblendet ist: „So nimm denn meine Hände und führe mich." Religiöse Aussagen werden also Gegenstand der Revolution des Obszönen.

Damit kommen wir zu der Frontstellung dieses Jugendaufklärungsbuches: Es will ganz eindeutig und unmißverständlich den jugendlichen Menschen zur Ablehnung der Ehe und zum Aufstand gegen die Familie führen. Über die Ehe heißt es (S. 78): „Soviel muß man von der Ehe verstanden haben. Sie beschreibt einen unauflösbaren Teufelskreis sexueller Verelendung. Nur Menschen, die in ihrer Kindheit bis zu einem gewissen Grad kaputtgemacht wurden, sind überhaupt bereit und fähig, eine Ehe einzugehen. In der Ehe aber gehen sie endgültig kaputt."

Was soll man nun nach Ansicht der Verfasser tun?

Der Jugendliche wird aufgerufen zum revolutionären Verhalten gegen die Familie. So heißt es wörtlich (S. 75): „Politische Arbeit heißt zunächst einmal, die Fähigkeit einzuüben, Widerstand zu leisten. Dieser Widerstand wird dort praktisch, wo die bedrückendsten und unterdrückendsten Institutionen uns gegenüberstehen. Das ist die Familie, die Schule, die Ausbildungsstätte in der Fabrik, Büro und Universität. Wer glaubt, davon einfach abhauen zu können, ohne die Voraussetzungen geschaffen zu haben, sich selbständig zu machen von der finanziellen Unterstützung anderer, der hängt seinen persönlichen Bedürfnissen nur ein politisches Mäntelchen um. Widerstand leisten heißt, sich seinen Unterdrückern zu stellen und nicht vor ihnen abzuhauen. Die Familie ist **einer** der Orte, an dem man Widerstand erlernt und einübt." — Aus diesem Buch wurde ausführlich zitiert, weil es ein Beispiel dafür ist, wie **sexuelle Aufklärung und politische Revolution** zusammengehen und **wie dabei ganz unmißverständlich und sogar mit klaren Anweisungen Jugendliche gegen die Familie aufgehetzt werden mit dem Fernziel der Zerstörung von Ehe und Familie.**

Welche Konsequenzen aber hat diese „kalte Aufklärungswelle" für die Jugend?

1. Versachlichung der Sexualität bedeutet „**Vergleichgültigung**" **der Sexualität**. Es ist einfach Unsinn anzunehmen, daß die Geschlechtlichkeit unseres Daseins eine Tatsache unter anderen ist. Für die Jugendlichen ist die sachliche Aufklärung zunächst ein Schock-Erlebnis. Kalte Aufklärung stößt ab. Nur phantasielose Ehemänner würden zur Zeit und Unzeit die Nacktheit ihrer Frau studieren. Die **Aufdringlichkeit des bloß Fleischlichen in der uninteressierten Beobachtung** tötet Eros und Sexus, Liebe und Lust! Was Geschlechtlichkeit eigentlich bedeutet, wird nur in der Hingabe, im Begehren, in der engagierten Liebe erfahren.

Auch wenn ich mir den lebenslänglichen Vorwurf der Prüderie einhandle und hinfort von den Aufklärern aller Länder gesteinigt werde, behaupte ich: Um der Lust und Liebe willen möge man auf die kalte Aufklärung in den Sachbüchern der Sexualität verzichten! Was Geschlechtlichkeit bedeutet, kann Jugendlichen nicht an Hand von Schautafeln der Sexualapparaturen beigebracht werden. **Es gibt keine wertfreie Betrachtung der Geschlechtlichkeit und es soll sie auch nicht geben.** Eine Bedeutung des Schamgefühls lag schon darin, daß es diese kalte Aufklärung verhinderte — denn: **Die Geschlechtlichkeit unseres Daseins kann nicht vom Engagement unseres Daseins gelöst werden.** Geschlechtlichkeit steht in der Spanne von Begehren und Abscheu — Scham und Schamlosigkeit — Liebe und Ekel. **Die kalte Aufklärung** lebt von den **Denkvoraussetzungen des 18. Jahrhunderts**, als Rationalisten und Materialisten ernsthaft meinten und behaupteten, daß der Mensch eine Maschine sei! Unsere kalte Sachaufklärung wurzelt also in der Weltanschauung unserer aufklärungsfanatischen Urgroßväter. Es gibt keine besseren Mittel, um Lust zu vermiesen und Zyniker zu produzieren, als kalte Sexualaufklärung! Für Jugendliche, die ihr Personenwesen nicht verloren haben, be-

steht die Gefahr, daß sie in ihrer **Individualität aufgespalten** werden und den Geschlechtsverkehr gleichsam neben dem persönlichen Engagement vollziehen. Aufspaltung des Personseins ist ein Charakteristikum unserer Zeit.
2. Bei der **Aufklärung** werden gern und leicht Information und Stimulierung (Aufreizung) verwechselt. Jedenfalls gibt es eine Weise der Aufklärung, die sich nicht nur theoretisch über Lustgewinn orientiert, sondern die unverhohlen **Lustverlangen erwecken** will. Durch diese Art von Aufklärung kommen Jugendliche in eine **gezielte Reizüberflutung**. Sie müßten Heilige sein, wenn sie dieser (in der Schule der nächsten Zukunft vielleicht zwangsläufig betriebenen) Reizüberflutung widerstehen sollten. Entscheidend für ein Leben ist, in welcher Weise, bei welcher Gelegenheit und in welchem Rahmen zum erstenmal Geschlechtlichkeit des Daseins erlebt wird!
Heute wird dieses fundamentale Erlebnis nicht im Zusammenhang einer personalen Begegnung — etwa als erste Jugendliebe — erfahren, in der mit plötzlicher Urgewalt (ich gebrauche diesen „altmodischen" Ausdruck ganz bewußt) die Geschlechtlichkeit „erkannt" wird! Lust wird vielmehr an anonymen, typischen Lustfiguren, eben nur an durch Bilder dargestellten Geschlechtskörpern, erweckt. Die apersonale, das heißt zutiefst lieblose und **unpersönliche Sexualgier** oder der Ekel sind direkte Folgen unserer modernen Aufklärung.
Nun aber kommt die entscheidende Frage an uns:

Wie soll man es der Jugend sagen?

Zunächst werden wir uns vor der Illusion bewahren, als ob es eine problemlose Aufklärung gäbe, als ob „Mann"- oder „Frau"-werden jemals ohne Kämpfe, Leiden und Schmerzen und Gefahren erreicht werden könnte. Der **billige Optimismus der Fortschrittsmenschen aller Länder will uns einreden, als ob die Probleme der Welt** mit einigen Stunden Aufklärungsunterricht bewältigt werden könnten! Schon die Aufklärungsprotze des 18. Jahrhunderts haben gemeint, wenn die Menschen erst ihre Bücher lesen würden, dann käme die Welt schon in Ordnung. Als ob jemals der Sinn unseres Daseins, die Probleme und Konflikte unseres Lebens, allein durch „Lernprozesse" lösbar gewesen wären.

Also: Wenn wir „es" sagen, dann sollen wir „es" so sagen, daß wir auf das Du kommen. Nicht sachliche, sondern personale Aufklärung! Dabei reden wir so, daß das Geheimnis nicht zerstört wird, daß die Ehrfurcht geweckt und die Möglichkeit der Liebe nicht getötet und die Lust nicht in Ekel abgewiegelt wird.

Ich möchte dazu folgende praktische Ratschläge geben:
1. Man kann nicht sachlich (das heißt im Grunde „schamlos") über Sexualität sprechen, weil Sexualität keine Sache ist. Der Jugendliche kann und soll ruhig merken, daß wir uns schämen, wenn wir darüber reden. Die Scham zeigt einmal, daß es um etwas ganz Entscheidendes in unserem Leben geht, dem wir Ehrfurcht entgegenbringen, und zum anderen, daß dieser Bereich nicht wertneutral ist, daß er in der Spannung zwischen Gut und Böse steht! Über Sexualität reden heißt nämlich, auch über Lust, Begierde, Liebe, Egoismus, Verantwortung und Verantwortungslosigkeit reden. Es hat also erst dann Sinn, wirklich und ganzheitlich über Geschlechtlichkeit zu sprechen, wenn das Kind oder der Jugendliche anfängt, davon innerlich betroffen zu werden. Wohlgemerkt: Ich meine Geschlechtlichkeit und nicht die Frage nach der „Herkunft des Menschen", die selbstverständlich auch schon Kindern erklärt werden soll.

— Die Aufgabe der Aufklärung ist die Aufgabe der Eltern. Nur sie können (und müssen) wissen, wie es um ihr Kind steht, nur sie sollen die Vertrauensbasis haben, auf der das Gespräch möglich ist. Weil es keine wertfreie Aufklärung gibt, müßte einer Schule, das heißt einem wertfreien „Staat", der den Grundsatz der abendländisch-christlichen Sittlichkeit nicht mehr achtet, die

Aufgabe der geschlechtlichen Aufklärung entzogen werden.
2. Man kann und wird selbstverständlich „natürlich" über die Geschlechtlichkeit sprechen und sagen, wie ein Geschlechtsakt verwirklicht wird. Man überwindet dabei eine reprimitivierende Versachlichung, wenn die Geschlechtlichkeit als Schöpfungsgabe Gottes verstanden und ausgesagt wird. Der Schock beim Aufklären und Aufgeklärtwerden liegt nämlich darin, daß der Mensch auf einmal mit dieser Riesenmacht Sexualität allein ist, daß er sich auf diese Gewalt zurückgeworfen fühlt. Deswegen bezeugen wir: Nicht wir haben uns zu Geschlechtswesen ernannt, nicht wir sind die Ursache von Lust und Liebe, sondern Gott selbst hat es gefügt. Wir stehen nicht in unserer, sondern in Gottes Ordnung. So bewegen wir uns in der Darstellung nicht um uns selbst. Das Kind erfährt die Geschlechtlichkeit seines Daseins zugleich mit der Antwort auf die Frage, was der Urgrund unseres Lebens ist. Der junge Mensch ist nun nicht mehr erschrocken darüber, daß er auf nur menschliche Gier und Lust einsam zurückgeworfen ist, sondern daß die geschlechtliche Begegnung in der Ordnung Gottes und in der Verantwortung vor Gott steht.
3. Ich kann nicht über die geschlechtliche Begegnung sprechen, ohne gleichzeitig die Spannung und Entscheidung zwischen Gut und Böse zu sagen. Das Kind weiß, daß es das Böse gibt, weil es das Böse in sich und in der Begegnung mit anderen Menschen schon — ganz abgesehen von der Geschlechtlichkeit seines Daseins — längst erfahren hat.

Diese wenigen Zeilen zu diesem Thema sollen und können kein Aufklärungsbuch ersetzen. Ich beschränkte mich hier auf Grundsätze. Meine Mahnung ist, daß Eltern darauf achten, wie ihr Kind aufgeklärt wird. Wenn in einer Bremer Tageszeitung („Weser-Kurier" 3./4. Mai 1969) zu lesen stand: „Im übrigen können die Lehrer Sexualerziehung künftig auch gegen den Einspruch der Eltern unterrichten...", dann ist diese Aussage Einbruch in die elementarsten Rechte der Eltern, besonders dann, wenn es in demselben Aufsatz heißt: „Tabudenken wird künftig in den Schulen abgebaut", und wenn man weiter liest, daß nach den Bremer Richtlinien der Sexualerziehung auch bei abnormen und negativen Erscheinungen des Geschlechtslebens „vollkommen wertfrei" und bei dem, was wir Verirrung oder pervers nennen, nur von „Problemen sexueller Minderheiten" zu lehren sei.

Heute geht es schon nicht mehr um Wachsamkeit — hier geht es um die Selbstbehauptung des christlichen Ethos in unseren Lebensbereichen, denn unter dem Deckmantel der „Wertfreiheit" werden in Wirklichkeit neue Werte gesetzt — so betreibt man die Revolution einer neuen Moral.

Kann man heute noch Triebverzicht verlangen?

Wer Triebverzicht von sich oder anderen verlangt, verstößt gegen das vornehmste Dogma der sexuellen Revolution, der es ja gerade um Trieberfüllung um jeden Preis geht. Auch die Jugend soll ihre geschlechtlichen Bedürfnisse unbedingt befriedigen. Triebverzicht ist dasselbe wie Repression, das heißt Unterdrückung der Freiheit. Seelische Gesundheit ist ohne Trieberfüllung heute nicht mehr denkbar — so meint die neue Kulturrevolution.

Über seelische Gesundheit wird es nun zwischen Kolle und mir verschiedene Meinungen geben. Der Christ wird darüber anders denken als der Sexualrevolutionär. Aber diese Tatsache ist unbestreitbar: Der Hamburger Psychiater Hans Bürger-Prinz schrieb 1969 in der „Welt am Sonntag" angesichts des gerade damals zur Diskussion stehenden Skandals in einem Sommer-Jugendlager der „Falken": „Der zu früh an freizügige Erotik gewöhnte Mensch ist später oft unfähig zur echten Hingabe." Und zu dem Argument, sexueller Liberalismus überwinde Neurosen, während Triebverzicht Neurosen verursache, schreibt der Hamburger Psychiater: „Das Umgekehrte ist wahr! Die Zahl der Neurosen steigt heute." — Nun, diese Tatsache kann niemand bestreiten. Die Neurose ist die Krankheit der Zukunft. Eindeutig läßt sich nachweisen, daß die **seelische Stabilität der Jugend** von Jahrzehnt zu Jahrzehnt **abnimmt**. Die große, blasphemische **Illusion, durch Sexkonsum ins Paradies** marschieren zu können, ist ein katastrophaler Irrtum, den gerade viele Jugendliche mit ihrer seelischen Stabilität bezahlen, denn nur gebrauchte und dann **verbrauchte Sexualität nimmt die Fähigkeit zur Liebe.**

Vorbehaltlose Frühsexualität (die meist noch künstlich forciert wird durch eine fast terroristische Sex-Propaganda) ist für den Christen nicht zu akzeptieren. Nur wo man Nein sagen kann, ist man auch frei. **Wer nicht Nein sagen kann, ist durch sein Begehren fixiert.** Der Christ aber kann seine Gier kreuzigen. Der Apostel Paulus schreibt (Gal. 5,24): „Welche aber Christus Jesus angehören, die haben ihr Fleisch gekreuzigt samt den Lüsten und Begierden." So wenig der Apostel damit meint, daß wir unsere Glieder an ein Kreuz nageln, ebensowenig meint er damit, daß wir die geschlechtliche Lust töten sollen. Das **paulinische Freiheitsverständnis** vermittelt vielmehr die Erkenntnis, daß uns das Gebet die Kraft gibt, Fixierungen zu durchbrechen, das heißt zu allen Bindungen an die Welt, die durch unser Verlangen geweckt werden, auch Nein zu sagen.

Der Jugendliche, der in hemmungsloser Frühsexualität den Triebverzicht nicht lernt, wird willenlos. Er reagiert dann nur noch auf Triebstöße und Anreizungen. Seine **Willenhaftigkeit verkümmert**, damit die Fähigkeit zur Konzentration bei geistiger Arbeit und bei der Arbeit überhaupt. Er verliert die Fähigkeit, Opfer zu bringen und verantwortlich Aufgaben durchzutragen. Dieser Mensch lebt nur aus Bedürfnisbefriedigungen, die ihn von Verbrauch zu Verbrauch treiben. Jugendliche, die daran gewöhnt sind, nur noch auf Triebstöße zu reagieren, leiden unter Antriebsschwäche und ihr trauriger Blick und ihre müde Haltung zeugen von einem verkümmerten Menschsein. Solche Jugendlichen pendeln zwischen Rausch- und Katerstimmung und können schließlich jeden Halt ihres Daseins verlieren.

Triebverzicht gehört zur Menschwerdung.

Aber, so lautet nun die Frage, kann man von einem Jugendlichen, dessen sexuelle Reifung mindestens fünf bis zehn Jahre vor der Zeit einsetzt, da er heiraten kann, einen permanenten Triebverzicht verlangen?

Zunächst gilt: Die Bibel schließt den **vorehelichen Geschlechtsverkehr** aus. Das 22. Kap. des 5. Mosebuches ist eindeutig. Vorehelicher Geschlechtsverkehr ist nach den sittlichen Regeln des Alten Testamentes und nach den traditionellen sittlichen Verhaltensweisen der Urchristen und der späteren Christenheit undenkbar. Ich kann und möchte hier nicht die Einzelargumentation wiederholen, die ich bereits in meinem Buch „... und was die Bibel dazu sagt"* (S. 35 folgende) entwickelt habe.

Aber durch diese Aussage wird die Fragestellung ja nur verschärft:

Also doch Triebverzicht bis zur Ehe?

Die Antwort ist ein klares — wenn auch hartes — Ja.

Ich möchte diese Antwort in folgende Aussagen aufgliedern:

1. Gibt es die **Möglichkeit der Masturbation**? Selbstbefriedigung wird heute fast ausnahmslos von Sexualforschern als Möglichkeit jugendlicher Sexualbetätigung angesehen. Ich spreche dazu ein klares Nein. Die Selbstbefriedigung als „**abgetrennte Sexualität**" (Karl Jaspers) ist nur eine Scheinbefriedigung, in keiner Weise wird das ursprüngliche Verlangen erfüllt. Masturbation ist eine Konsequenz der Versachlichung der Sexualität, eine Reduktion auf bloße Triebreaktionen. (Vergl. „... und was die Bibel dazu sagt" S. 49 ff.) Das biblische Verbot der Masturbation ist eindeutig. Die Geschichte von Onan im 38. Kap. des 1. Buches Mose hat gerade im Laufe der letzten Jahrzehnte sehr viele Deutungen erfahren. Man sagt, Sünde sei hier nicht, daß Onan, der den „Samen auf die Erde fallen läßt", sich selbst befriedigt, sondern daß er das alttestamentliche Gesetz der Schwagerpflicht nicht erfüllte (blieb die Witwe des verstorbenen

---

* ... und was die Bibel dazu sagt. Weg und Irrweg der Sexualität. Wuppertal 1969 (= R. Brockhaus Taschenbuch-Sonderausgaben Band 1008/9). 144 Seiten.

Bruders ohne Kinder, dann mußte der noch lebende Bruder durch geschlechtlichen Verkehr mit seiner Schwägerin diesem toten Bruder gleichsam nachträglich an seiner Stelle Nachkommen erzeugen). Oder man sagt: Nicht die Masturbation, sondern der coitus interruptus (das früher übliche Empfängnisverhütungsmittel: Abbruch des Geschlechtsverkehrs in dem Augenblick, da der Mann den Orgasmus erlebte, also Orgasmuserlebnis außerhalb des „Ein-Leib-Seins") sei gemeint. Der Streit ist in insofern müßig, als bei einer ganzheitlichen Betrachtung dieser alttestamentlichen Geschichte d i e „a b ‑ g e t r e n n t e S e x u a l i t ä t" i n j e d e r W e i s e v e r ‑ u r t e i l t w i r d : Als Empfängnisverhütung, als Masturbation und als coitus interruptus. Sinn der Schöpfungsordnung ist doch, daß der Höhepunkt geschlechtlicher Begegnung in der leiblichen Totalbegegnung erfolgt. Solch eine Begegnung als ganzheitliche Begegnung kann es nur in der Ehe geben.

2. Der voreheliche Geschlechtsverkehr verbietet sich vom Ethos der Bibel her eindeutig. Aber es ist doch möglich, daß zwei Menschen, die so reif sind, daß sie zur Liebe wirklich fähig sind, f r ü h e i n e E h e e i n g e h e n . Die vielen abschreckenden Beispiele gescheiterter Frühehen zählen dabei nicht. Wenn zwei gläubige Christenmenschen, die um den Sinn des Lebens und um ihre Verantwortung vor Gott wissen, etwa mit achtzehn Jahren heiraten und ihre Liebe im Gebet unter Gottes Erbarmen stellen, warum sollen sie dann an ihrer Ehe zerbrechen? Moderne Ausbildungsfinanzierungen machen wirtschaftliche Probleme überflüssig. G l e i c h k l a n g g e s c h l e c h t ‑ l i c h e r u n d p e r s ö n l i c h e r R e i f e e r l a u b t n i c h t n u r , s o n d e r n g e b i e t e t d i e E h e , wenn sie von zwei Menschen verlangt wird.

Christus sagt: Trachtet zuerst nach dem Reiche Gottes, und nach seiner Gerechtigkeit, so wird euch solches alles zufallen. (Matth. 6,33). Das bedeutet doch für unser Problem, wenn wir unsere Kinder s o e r z i e h e n , daß sie zuerst nach dem Reiche Gottes trachten, daß sie frei sind von allen Fixierungen, daß sie auch Nein sagen können in der Beherrschung ihres geschlechtlichen Triebes, wenn sie also durch Glauben die Mensch- und Christwerdung in sich betreiben, wird ihnen auch die **Möglichkeit der Frühehe** zufallen! Nicht **ob** man, sondern **wer** eine Frühehe eingeht, das ist die entscheidende Frage.

Ich wiederhole: Man wird und ist nicht Mensch ohne Schmerzen, man wird und ist nicht Mensch ohne Schuld. Zu den Anklägern einer Sünderin sagte Jesus, wer ohne Sünde sei, der möge den ersten Stein werfen. (Joh. 8). Es flogen damals keine Steine. Wo der Mensch weiß, daß er schuldig geworden ist, darf er um die Vergebung wissen, wenn er an die Vergebung glaubt. **Jesus vergibt dem Sünder — aber er hebt die Sünden nicht auf!** Sünde bleibt Sünde, Schuld bleibt Schuld! Verdrängte Schuld macht aggressiv — vergebene Schuld macht frei! Sexualaufklärung, die die Sünde „abschafft", ist im Grunde elender Pharisäismus, weil sie nichts von der Vergebung weiß.

Andererseits wird heute den Jugendlichen, ja überhaupt allen Menschen, fortwährend Absolution zugesprochen. **Der Mensch versteht sich nicht mehr als Schuldner Gottes, weil er sich selbst zum Gott ernannt hat.** Wenn heute die Botschaft von der Erlösung durch den Glauben an Christus nicht mehr „ankommt", dann deswegen, weil man weder den Mut noch die Bereitschaft hat, mit dem Menschen ins Gericht zu gehen und die Wahrheit von Gut und Böse, Sünde und Schuld zu verkünden. Christus hat gesagt: Tut Buße, denn das Himmelreich ist nahe herbeigekommen! Kein Mensch heute denkt daran, Buße zu tun, weil er von modernen Meinungsmachern permanent zum vollkommenen Menschen ernannt wird. Die Aufklärung von heute lebt in derselben Weltanschauung wie die Aufklärung von damals: Der Mensch ist völlig in Ordnung; es müssen, damit er im Paradiese lebt, nur einige Mißverständnisse und Mißverhältnisse abgeschafft werden.

5. Kapitel

Wie lebt der Christ mit Sex?

Wer die Sexualität verachtet, protestiert gegen Gott

Es gibt Menschen — so sagt Christus (Matth. 19,12 ff.) —, die gleichsam von Geburt an so angelegt sind, daß die Sexualität sie in ihrem Leben nicht betrifft („Denn etliche enthalten sich der Ehe, weil sie von Geburt an zur Ehe unfähig sind..." Matth. 19,12). Diese können nicht verachten, was sie nicht kennen. Es gibt aber auch etliche, die „enthalten sich, weil sie um des Himmelreichs willen auf die Ehe verzichten." Auch dieser Ausspruch Christi ist keineswegs eine Magna Charta der Sexverachtung. Wenn ein Christ eines besonderen Auftrages wegen auf etwas verzichtet und ein Opfer bringt, dann kann er das, worauf er verzichtet, nicht „madig" machen, weil der Verzicht dann ja kein Opfer wäre.

In der Frömmigkeitsgeschichte des Christentums hat es immer wieder A s k e t e n gegeben, also Christen, die auf viele irdische Bindungen verzichteten. Ihr Opfer war dann ein wirkliches Opfer im Sinne christlicher Frömmigkeit, wenn der Glaube und die Liebe zu Christus dazu führten, zu vielen Wünschen und Hoffnungen Nein zu sagen. D u r c h d i e s e s N e i n s e t z e n s i e e i n Z e i c h e n d e r F r e i h e i t — denn der Mensch ist nur dann frei, wenn er auch überwinden kann.

Falsch ist es, aus dem Opfer oder Verzicht ein Gesetz zu machen bzw. eine Art Betriebsanleitung, um selig zu werden. Wo, wann, wie und worauf ein Christ verzichtet, das ist weder ein Frömmigkeitssport vor Gott noch ein sicheres Unterpfand für die Seligkeit, noch ein Grund, sich seiner Glaubenskraft zu rühmen. Wo, wann, wie und wodurch wir aus Liebe und Glaube ein Opfer bringen, wird uns Gott zu einer gewissen Stunde unseres Lebens unmißverständlich zu erkennen geben.

Leider hat es immer wieder Christen gegeben, die der Meinung waren, man müsse — um vor Gott bestehen zu können — die Sexualität „dämpfen". Je weniger Lust beim geschlechtlichen Verkehr in der Ehe, um so wohlgefälliger sei man vor Gott. Viele meinten, der geschlechtliche Akt müsse „kurz" und „schlicht" sein. Es soll sogenannte „Calvinistennachthemden" gegeben haben, die sich durch besondere Länge und Derbheit und vor allem durch eine Miniaturöffnung in der Gegend des Geschlechtsorganes auszeichneten und die man vor allem beim Geschlechtsverkehr anbehalten sollte, um die sündige Lust, die wonnige Berührung von Haut zu Haut in der geschlechtlichen Begegnung zu vermeiden. Beharrlich hat sich für viele Generationen die alberne Meinung herausgebildet, nur gemilderte Lust sei vor Gott erlaubt. Schließlich sei die Geschlechtslust nur ein leider notwendiges Mittel zum Zweck der Fortpflanzung.

Einige Kirchenväter der alten Kirche (so z. B. Irenäus und Tertullian) meinten sogar, daß Adam und Eva vor dem Fall geschlechtliche Lust nicht gekannt, sondern einander „nach der Kinder Art" geliebt hätten. Hier wird also ganz schlicht die Meinung vertreten, Geschlechtlichkeit als solche sei Sünde. Diese Auffassung ist ganz einfach falsch und findet in der Heiligen Schrift nicht nur keine Begründung, sondern eindeutige Ablehnung. Die Sexualität ist weder das Paradies noch teuflisch, sondern sie steht wie alle Bereiche des menschlichen Lebens und der Schöpfung in der Spannung zwischen Gut und Böse.

Kann man diese Spannung als gläubiger Christ überwinden? Kann man etwa durch den Glauben eine Art „christlicher Sexualität" „schaffen"? Hat der Christ ein anderes Geschlechtsleben als der Heide?

Auch diese Frage ist in der Christenheit verhängnisvoll beantwortet worden. Zum Beispiel bildete sich um den bekannten Theologen Zinzendorf die Meinung, man könne die Sexualität dadurch verchristlichen, daß man während des Geschlechtstriebes nicht an den Partner, sondern an Christus denke. Weniger um eine Gemeinschaft mit dem anderen Menschen, als um eine Gemeinschaft mit Christus ginge es im sexuellen Akt. Solcherlei Gedanken sind nicht nur peinlich, sondern lästerlich. Sie sind peinlich, wenn man bedenkt, daß Zinzendorf seine Gedanken auch liturgisch zum Ausdruck bringen wollte und empfahl, daß die Neuvermählten ihren ersten Beischlaf in Gegenwart von Vertretern der Gemeinde vollziehen sollten. Leider könnte man jetzt **viele Beispiele pseudochristlicher Sexualverachtung oder Sexualverkrampfung** bringen. Die Gegner des Christentums werden für ihre Bücher schnell und reichlich Material finden. Für mich als „Lutheraner" ist es eine konfessionelle Genugtuung zu wissen, daß das Luthertum wegen seines eindeutig biblischen Verständnisses von Schöpfung und Erlösung solche Entgleisungen nicht kennen kann.

Gleichzeitig möchte ich aber auch dieses sagen: Es wäre eine grobe Verfälschung der Geschichte christlicher Sittlichkeit und christlichen Glaubens, wenn man die Behauptung aufstellen wolle, daß durch den christlichen Glauben die Geschlechtlichkeit verächtlich gemacht worden wäre. Man darf **Irrwege in der Geschichte des Christentums** nicht mit dem Wesen des Christentums verwechseln.

Wie lebt der Christ mit der Sexualität?

Ich möchte auf diese Frage ganz klar, vor allem „Praxis bezogen" antworten.
1. Wenn der Apostel Paulus (1. Kor. 7,29) sagt, daß „die da Weiber haben, seien, als hätten sie keine", dann meint er damit nicht, daß man in der Ehe ohne Sexualität leben soll. (Ganz klar würde dem die Aussage des Apostels 1. Kor. 7,5 widersprechen, wo er gerade die Bedeutung, wenn nicht sogar die Notwendigkeit geschlechtlichen Verkehrs in der Ehe betont: „Entziehe sich nicht einer dem anderen...") Er meint auch keine „Minderung" der Sexualität. Die paulinische Freiheit setzt den Christen viel mehr in die Distanz und Freiheit aller Schöpfung gegenüber.

Was bedeutet das praktisch?
Der moderne, Gott entfremdete Mensch, liegt vor der Sexualität wie vor einem Götzen auf den Knien. Die Technik der Sexualität, die ihm in ungezählten Aufklärungsbüchern demonstriert wird, zelebriert er wie einen heiligen Kult. Höhepunkt dieses Kultes ist der Orgasmus. Wehe, wenn der Orgasmus nicht „hergestellt" wird! **Verkrampfte Orgasmuserwartung und Orgasmuszwang lassen heute viele Partner das Brot der Sexualität im Schweiße ihres Angesichts essen.** Das Dogma lautet: Du bist nur was, wenn du Sexualität hast. Angstschweiß wird ausgetrieben durch die inquisitorische Selbstbefragung, ob man auch noch potent sei. Denn wenn man sexuell impotent, d. h. sexuell „leistungsunfähig" ist, kann man dann noch in dieser Gesellschaft bestehen? **Sexualität wird zum Sexualsoll und Sexualzwang** — es ist nur eine Frage der Zeit, wann diese Zwangssexualität in Ekel umschlägt.
Der Christ lebt nicht unter diesen „Sexualzwangsvorstellungen". Seine Freiheit gibt ihm die Gelassenheit, die allein die Möglichkeit der Geschlechtslust öffnet.

2. Der moderne Mensch lebt im „Stress". Einsam in der Masse, im Berufskampf, ohne Gebet, ohne Frieden und Geborgensein in Gott. Begleitet von dem mehr oder weniger bewußten Gefühl der unvergebenen Schuld vegetiert er in innerer Anspannung, die zu einer Verkrampfung seiner Daseinshaltung führen kann. Angst, Furcht und Sorge sind ihm oft unverschämt beharrliche Gesellen des Lebens. Jeder Psychologe weiß, daß diese bösen Gesellen Impotenz bewirken. Wer sich nicht entspannen kann, der verfehlt die Möglichkeit, geschlechtliche Freude zu erleben. **Der „Muß-Orgasmus", die „Liebestechnik-Strapaze" sind nicht Elemente der Freude in der Sexualität, sondern Anzeichen einer offenkundigen Sexualmisere. Der Christenmensch hingegen kann entspannen.** Er erhält den Frieden mit Gott durch das Leben mit Gott. Er überwindet Angst, Sorge und Furcht,

weil er beten kann. **Der Christ kann durch die Freiheit und Gelassenheit im Glauben die entspannte und entspannende Geschlechtlichkeit erleben — nicht obgleich, sondern gerade weil er Christ ist!**
3. **Sexualität ohne Liebe ist Sünde.** Sexualität muß menschliche Sexualität sein und menschliche Sexualität ist nicht eine bloße Triebreaktion, sondern ganzheitliche Hingabe von Seele und Körper. Ekstase, Rausch der Sinnenhaftigkeit, Gipfel der Schöpfungswollust — die sinnlich-freudige Entrückung von aller Alltäglichkeit — lassen das Herz still stehen in der überschwenglichen, beide Partner ergreifenden Liebe. Diese **Ganzheitlichkeit** der geschlechtlichen Begegnung ist darüber hinaus **auch „konsekutiv" zu verstehen.** Auf die Ekstase des Orgasmus folgt tiefe Entspannung des „unbegreiflichen" Beieinanderseins. Ob sie erlebt wird als die unbeschreibliche und unaustauschbare Verbundenheit zweier für einander schlagenden Menschenherzen — das zeigt an, ob wir wirklich als „Menschen" — geschaffen nach dem Bilde Gottes — die Tiefe dessen erfahren, was Gottes Schöpfung, Schöpfungslust und Bestimmung zur Liebe für uns meint.

Sind „Liebesspiele" pervers und Verhütungsmittel „verboten"?

Es ist keine christliche Tugend, sondern entweder Phantasie- und Hilflosigkeit oder eine unbiblische Einstellung zur Sexualität, wenn man meint, der Sexualakt müsse kurzatmig und freudlos vollzogen werden. Durch die Flut von Aufklärungsbüchern und Filmen aller Art **weiß** man heute von den Möglichkeiten, die geschlechtliche Begegnung „auszugestalten". Ich möchte hierbei dieses bemerken: Wir haben in keiner Weise ein genaues Bild von den geschlechtlichen Verhaltensweisen früherer Jahrhunderte. Es gab früher keine Kinsey-Reporte. Wir werden uns davor hüten müssen, prüde Gepflogenheiten der Menschen des wilhelminisch-viktorianischen Zeitalters als die Verhaltensnormen der Vergangenheit überhaupt zu verstehen! Ich möchte folgende Regel aufstellen: **In der geschlechtlichen Begegnung zwischen Mann und Frau, wie sie nach Gottes Willen nur in der Ehe gegeben sein kann, ist erlaubt, was schöpferische Freude am geschlechtlichen Verkehr mehrt und steigert, wenn (und das ist entscheidend!) diese geschlechtliche Begegnung ihre Erfüllung** (den Orgasmus) **im leiblichen Einssein, also in der von der natürlichen Ordnung vorgesehenen Weise, erfährt.**

Die Liebe des einen zum andern kann sogar gebieten, daß **der geschlechtliche Akt durch das Liebesspiel seine Vorbereitung** und langsame Entfaltung findet, damit beide Partner in gleicher Weise zu der Gefühlseinstimmung kommen — im Gleichklang der Schöpfungslust —, die allein das totale Einswerden ermöglicht. **Keiner dient dem anderen nur als Vehikel zum „Sexualvollzug"**, der eine kann sein Lustbegehren nicht am anderen „vollziehen". Lieben und geliebt werden ist der Sinn geschlechtlicher Begegnung.

Genauso falsch aber wie der „kurze Sexualvollzug" kann **der „Manipulationszwang"** sein. Darunter verstehe ich die an Hand von „Leitfäden der Sexualkunde" vorgenommene **Liebestechnik, die nicht aus der instinktsicheren schöpferischen Freude „kommt"**, sondern in kühler Berechnung „gemacht" wird. Sexualtechnik kann keine geschlechtliche Freude ersetzen, sie kann sie — auf die Dauer gesehen — nur töten. Je unbewußter, instinktiver und gelassener das Liebesspiel erlebt wird, um so mehr werden beide Partner die Freude der Geschlechtlichkeit erleben! Der eine darf dabei allerdings immer nur das tun, wozu der andere wirklich — ungezwungen! — eine tiefe, innerliche Bereitschaft mitbringt. Egoismus ist der Tod der Liebe!

Der Streit der Ansichten um die **Verhütungsmittel**, d. h. um die Frage, ob die Empfängnis, die Befruchtung im geschlechtlichen Akt, durch die Anwendung künstlicher Mittel verhütet werden darf, ist durch die Auseinandersetzung um die „Pille" heute allen mehr oder weniger bewußt geworden. In der Enzyklika „Humanae Vitae" von 1968 hat Paul VI. konsequent das herkömmliche Urteil der römisch-katholischen Kirche zur Geburtenkontrolle bestätigt und die Anwendung künstlicher Verhütungsmittel (dazu gehört die Pille als Mittel chemischer Empfängnisverhütung) verurteilt.

Was soll der evangelische Christ zu diesem Problem sagen?

Die „offiziellen" Antworten protestantischer Kirchengemeinschaften geben fast einstimmig ein klares Ja zur verantwortlichen Anwendung hygienisch und medizinisch einwandfreier Verhütungsmittel, wenn wenigstens nicht grundsätzlich die Elternschaft, also der Wunsch — nach Maß des Möglichen — Kinder zu haben ausgeschlossen wird. (Vergl. hierzu mein Buch „... und was die Bibel dazu sagt, S. 110 ff.)

Ich denke nicht, daß die „protestantische" Antwort endgültig so stehenbleiben kann. Bei der Ausarbeitung der Enzyklika humanae vitae konnte sich die vorbereitende Arbeitskommission nicht einigen, und es wurden zwei, ein konservatives und ein fortschrittliches, Gutachten eingereicht. In dem konservativen Gutachten, das unverkennbar die geistige Handschrift des Kardinals Ottaviani trägt, wird die künstliche Geburtenkontrolle mit sehr nachdenklich stimmender Begründung abgelehnt: Es wird hier nämlich gefragt, ob man den Menschen wirklich so weit manipulieren dürfe. Bedenken wir doch, daß wir heute dabei sind, den Menschen völlig umzukrempeln. Die biologisch-technische Revolution kann mit künstlichen Organen, Steuerung des Erbgutes, chemischer oder physikalischer Beeinflussung der Gehirnreizzonen Menschen regelrecht umbauen. Ich habe in meinen Büchern „Provozierte Theologie in technischer Welt"*, 1968, und „Streit in der Kirche"**, 1971, ausführlich auf diese Tatsachen hingewiesen. Wenn wir aber den Menschen ändern, erheben wir uns gegen den Willen

---

* Wuppertal 1968, 296 Seiten
** Wuppertal 1971, 152 Seiten

Gottes, der dieser Schöpfung ihre Ordnung gegeben hat. Der Maler Jaeger aus Bad Homburg hat mich gerade unlängst durch seine Bilder, die den technisch verstümmelten Menschen geradezu prophetisch erfassen, tief beeindruckt. Jaeger stellt den technokratisch beherrschten Menschen dar, für den der Übergang zur Maschine fließend geworden ist. Da gibt es Augen wie Fernrohrgläser, Adern wie Drähte, innere Organe wie Motore und Sehnen wie Kabel — das sind unheimliche Bilder eines verstümmelten Menschentums.

Die Sorge, daß der Mensch entstellt wird, ist für uns alle keine Theorie. Gerade weil wir den Glauben an die Schöpfungsordnungen preisgegeben haben, steht der Umfunktionierung des Menschen zu einem neuen „Wesen" nichts mehr entgegen.

In einem gewissen Sinne existieren wir heute schon im Banne der Technik. Wir alle leben irgendwie mit Tabletten, Spritzen oder anderen Errungenschaften einer hochkomplizierten technischen Welt. Wir können aus diesem Bann der Technik nicht mehr heraus. Wir machen alle irgendwie längst unsere Kompromisse. Auch die Verhütungsmittel sind Elemente des Einbruchs in die vorgegebene, schöpfungsmäßig bestimmte Ordnung von Geschlechtlichkeit und Fortpflanzung. Diese Einheit künstlich zu stören, ist gegen die Schöpfungsordnung. Daran geht kein Weg vorbei, und insofern hat das Urteil des Papstes, die in diesem Punkt der Meinung konservativer evangelischer Gemeinschaften nicht widerspricht, völlig recht. Die tausend Fragen und Bedenken, die aber jetzt auftauchen und zweifellos nur zu oft ihre dringende Berechtigung haben, sind uns allen bekannt. Nur einige Beispiele: Man muß Kinder doch auch verantworten können! Was soll geschehen, wenn eine Frau an der Grenze ihrer gesundheitlichen Fähigkeit angelangt ist, Kinder zu bekommen und zu erziehen ... usw. usw. Die Frage, die nun auftaucht, lautet: Darf ein kleineres Übel ein größeres Übel verhindern? Ist es nicht besser, mit der Anwendung von Verhütungsmitteln die geschlechtliche Wirklichkeit einer Ehe zu erleben und zu erhalten, als daß ohne diese Möglichkeit einer geschlechtlichen Begegnung eine Ehe zugrunde geht? Hat nicht dieser in die künstliche Welt von Gummi, Stahl und Beton eingesperrte Mensch ein gesteigertes und berechtigtes Verlangen, durch die geschlechtliche Begegnung in der Ehe überhaupt noch ursprüngliche Teilhabe an göttlicher Schöpfungskraft zu bekommen?

Ich bleibe dabei, daß die **Anwendung von Verhütungsmitteln objektiv gegen die Ordnung Gottes ist**. Ich kann gleichzeitig aber nicht verkennen, daß die Situation einer Ehe in der modernen Welt es fordern kann, daß die Geschlechtlichkeit verwirklicht wird, auch um den Preis, daß Verhütungsmittel (vorausgesetzt, daß sie hygienisch und medizinisch einwandfrei sind) angewendet werden. Ich verstehe das als eine **„Notordnung" der Sittlichkeit**, die aber unter dem Zeichen der Vergebung steht, wenn man sich dieser Ordnung als Notordnung bewußt ist und wenn man vor allen Dingen **verantwortliche Elternschaft nicht ausschließt**. Wer solche Notordnungen grundsätzlich ablehnt, der darf auch keine Pille gegen Kopfschmerzen nehmen und sich vor Operationen auch keine Narkose geben lassen, denn auch hier greifen wir künstlich in die Ordnung unseres Daseins ein. Ich sage das nicht, um das Problem zu verharmlosen, sondern um es in seiner ganzen Bedeutsamkeit darzustellen. Das Leben auf dieser Welt ist eben kein Sandkastenspiel.

Es ist nicht möglich, in dieser gefallenen Welt in paradiesischer Unschuld zu leben, der Lebenskampf des einzelnen wie das Ringen um die Gerechtigkeit ganzer Völker, Rassen und Klassen stellt den Christen immer wieder in die Spannung von Wagnis, Handeln, Schuld und Vergebung. **Der Pharisäismus hüben und drüben beginnt in dem Augenblick**, da man diese Spannung übersieht und meint, **die Methoden erfunden zu haben, durch die wir jetzt schon das Paradies auf Erden** konstruieren könnten. Es ist wieder **das Luthertum**, das innerhalb der Christenheit gerade die Erfahrung gemacht hat, **daß auch der Christ als Sünder in der Zwiespältigkeit der Welt immer wieder der Vergebung bedarf**.

Wir Christen wissen, daß wir in der Spannung leben. Wir wissen auch, daß wir, je mehr wir uns im Leben engagieren, je mehr wir politisch, wissenschaftlich und wirtschaftlich Macht ausüben, um so öfter vor Grenzen stehen, an denen wir schuldig werden können. Gerade **deswegen können wir nicht schamlos sein**. Wir wollen auch nicht schamlos sein, weil nur in der Schwachheit unseres Menschseins Gottes Kraft mächtig ist.

Trotz dieser Zwiespältigkeit unseres Daseins bekennen wir, daß die geschlechtliche Begegnung zwischen Mann und Frau Teilhabe an der Schöpfungslust Gottes bedeutet. In der Abwehr der vergleichgültigenden und entzaubernden sexuellen Revolution unserer Tage **bekennen wir uns zu der Ordnung, die Gott seiner Schöpfung gegeben hat**, zur Menschlichkeit, die nach dem Bilde Gottes geschaffen ist und **zur Liebe zwischen Mann und Frau, die ein Abbild und Gleichnis der Liebe ist, die Gott zu uns allen hat und die niemals aufhören wird**.

Vom gleichen Verfasser erschienen:

Streit in der Kirche
152 Seiten, Paperback

Georg Huntemann hat dieses Buch ausdrücklich für die Gemeinde geschrieben. Er möchte gerade sie einbeziehen in das Ringen um die Fragen, die wie spitze Pfeile in die Substanz unseres christlichen Glaubens dringen: Kann man noch an Gott glauben, wenn man meint, die Welt in der Tiefe und Weite begriffen zu haben? Ist der „Altfromme" angesichts glücksprotzender und lustbetonter Gesellschaft ein elender Freudentöter? Kann der „Jenseitsfanatismus" des Christenmenschen das Leben auf dieser Welt zur Ordnung und Entfaltung bringen? Ist die Bibel durch die „Wissenschaftliche Kritik" zu einem öden Trümmerfeld geworden? Gibt es noch eine „Schöpfung" Gottes angesichts technokratischer Manipulationen von Mensch und Umwelt? — Diese und viele andere Fragen sind für Huntemann kein christliches Gruselkabinett! Der Autor meint, daß durch die Antwort auf diese Herausforderung der Christ zur Klarheit der Entscheidung geführt wird.

Provozierte Theologie in technischer Welt
295 Seiten, Paperback

Der Autor sieht die Theologie im Banne der Technik. Modernes Denken ist technisches Denken. „Moderne" Theologie ist vom technischen Denken bestimmte Theologie. Er untersucht hier die sich daraus ergebenden Tendenzen zur Wesensänderung der Kirche, ihres Selbstverständnisses und ihrer Verkündigung.

„Eine Hilfe für Theologen und die Gemeinde, die sich nach hilfreicher Theologie sehnt."   Dekan i. R. Th. Richter

R. BROCKHAUS VERLAG WUPPERTAL

... und was die Bibel dazu sagt
Weg und Irrweg der Sexualität

R. Brockhaus Taschenbuch-Sonderausgabe
Band 1008/9, 144 Seiten

Huntemann will nicht die große Zahl der Aufklärungsbücher um ein weiteres vermehren. Ihm geht es um eine Neubesinnung über dieses Thema. Weil die Bibel und die Verkündigung der Kirche dem Menschen über sein Sexualleben Entscheidendes zu sagen haben, bemüht er sich, die Mauer zwischen Geschlechtlichkeit und Bibelglauben niederzureißen. Die Sexualität ist ihm nicht eine Angelegenheit der Haut und des kalt beurteilenden Verstandes, sondern vor allem eine Sache des Herzens.

In der Spannung leben
Zwischenbilanz eines Gemeindepfarrers

R. Brockhaus Taschenbuch-Sonderausgabe
Band 1010, 103 Seiten

Mit vierzig Jahren schreibt man noch nicht seine Lebenserinnerungen. Also ist dieses Buch keine Autobiographie. Es ist auch keine theologische Abhandlung in Ich-Form. Auf den folgenden Seiten möchte ich vielmehr dem von unserer Theologie so oft gequälten Laien aus den unmittelbaren (wirklich noch taufrischen) Eindrücken heraus erzählen, wie die sich zur Polarität von Verzweiflung und Hoffnung verdichtenden Probleme und Nöte unserer Kirche in das Leben eines Großstadtpfarrers hineinwirken.

R. BROCKHAUS VERLAG WUPPERTAL